민통선-DMZ 통일맞이 나들이

'하나'를 위하여

유영호

先人

민통선-DMZ 통일맞이 나들이
'하나'를 위하여

초판 1쇄 발행 2008년 5월 29일

저　자 ┃ 유영호
펴낸이 ┃ 윤관백
편　집 ┃ 김지학
표　지 ┃ 김지학
교정·교열 ┃ 김은혜 · 이수정
펴낸곳 ┃ 선인
인　쇄 ┃ 대한인쇄
제　본 ┃ 바다제책
등　록 ┃ 제5-77호(1998. 11. 4)
주　소 ┃ 서울시 마포구 마포동 324-1 곳마루B/D 1층
전　화 ┃ 02)718-6252
팩　스 ┃ 02)718-6253
E-mail ┃ sunin72@chol.com

정가 ┃ 16,000원
ISBN 978-89-5933-126-0 03810

■ 저자와의 협의에 의해 인지 생략.
■ 잘못된 책은 바꾸어 드립니다.

민통선-DMZ 통일맞이 나들이

'하나'를 위하여

민통선-DMZ 통일맞이 나들이 '하나'를 위하여

1. 통일기행의 출발지, 〈김대중도서관〉　　11
One Korea와 Two Koreas에 대한 단상　23

2. 자유로와 통일동산　　29
(1) 자유로에서 보여지는 〈분단의 현실〉　31
(2) 자유로 중간쯤에 있는 〈자유로기념비〉　36
(3) '자유로'를 통해 본 남측 통일관　39
(4) 정전협정의 해방구, 〈한강하구〉　48
(5) 민족주의자 〈고당 조만식〉의 자리　61
(6) 건립 목적과 현실의 괴리, 〈통일동산〉　66

3. 임진각　　71
(1) 통일을 꿈꾸는 냉전의 전시장 〈임진각공원〉　73
(2) 〈트루만 대통령〉, 과연 우리의 은인인가?　82
(3) 〈자유의 다리〉를 통해 본 포로교환　89

4. 민통선과 비무장지대　　99
(1) 〈통일대교〉로 넘는 임진강　101
(2) 분단에 기댄 삶, 〈통일촌〉　109
(3) 〈경의선도로 남북출입사무소〉에서 보여지는 이율배반　115
(4) 북으로 가는 첫 번째 기차역 〈도라산역〉　123
(5) 〈도라산〉의 남북에 펼쳐지는 분단과 통일　133
(6) 〈제3땅굴〉, 이제는 어찌해야 할 것인가?　142

Contents

- **(7)** 판문점으로 가는 길, 〈캠프 보니파스〉 | 152
- **(8)** 분단의 띵 〈판문점〉, 통일의 땅 〈널문리〉 | 162
- **(9)** 대한민국의 별천지, 〈대성동 '자유의 마을'〉 | 170
- **(10)** 잠시 쉬어가는 곳, 〈임진강 6·15 사과원〉 | 179
- **(11)** 끝나지 않은 전쟁, 〈대인지뢰〉 | 182
- **(12)** '햇볕정책'의 산물, 〈해마루촌〉 | 191

5. 민통선 밖의 분단과 통일   195

- **(1)** 냉전의 영혼, 〈북한군/중국군 묘지〉 | 197
- **(2)** 통일시대를 맞이하는 〈미군기지〉 | 205
- **(3)** 통일 민족주의의 사상적 지표, 〈장준하〉 | 215
- **(4)** 탈냉전 시대, 냉전세력에 의해 파괴된 〈비전향 장기수〉 묘역 | 222

6. 돌아오는 길 - 맺음말을 대신하여   235

찾아보기   239

민통선-DMZ 통일맞이 나들이

나는 우리민족에게 있어서 가장 슬픈 역사는 외세에 의한 식민지로서의 역사와 그에 뒤이어 현재까지 지속되고 있는 조국의 분단이라고 생각한다. 식민지라는 과거의 역사와 분단이라는 현재의 역사는 1945년 해방정국을 사이로 단절되어 있는 듯 보이지만, 완전한 근대 국민국가로서 사회역사구성체를 형성하고 있지 못함과 또 그러한 원인에 있어서 근본적인 힘이 외세에 의한 것이라는 데 있어서 그 본질은 동일한 것이다.

이처럼 지난 1세기 동안 왜곡되어 오고 있는 역사 속에서 여러 세대가 지나가면서 이제는 이런 역사의 고통도 관성화되어 느끼지 못 할 정도가 되어 가는 것 같아 걱정스럽다. 특히 전후 세대에게 있어서는 더욱 그러하다. 마치 태어날 때부터 맹인이었던 사람이 밝은 세상의 의미를 느끼지 못 하는 것과 같이. 이처럼 외세에 의한 왜곡된 역사가 너무도 오랜 기간 동안 우리 사회를 지배하여 왔기 때문에 근대 국민국가로서 갖추어야 하는 너무나도 당연한 '통일된 사회역사구성체' 라는 어휘는 많은 사람들에게 점차 희미해져 가고 있는지도 모르겠다.

하지만 역사란 한 세대에서 끝나는 것이 아니고 장구하게 이루어져 가는 것이기에 일개인에게는 분단의 고통이 관성화되었을지 모르지만, 집단화된 민족의 역사에서 분단은 하루라도 빨리 극복해야만 하는 본질적 과제인 것이다. 그렇기 때문에 현 시기 우리에게 가장 본질적인 것은 이러한 분단을 극복한 '자주적 민족국가의 성립' 일 것이다.

이렇게 이야기하는 나는 아마도 우리 사회에서 흔히 '통일지상론자' 내지는 '민족지상론자' 로 불릴 것이다. 맞는 말이다. 나는 역사발전의 행위 주체로서의

'하나'를 위하여

'민족'과 그 존재 형태로서의 '통일'을 가장 중시하는 사람임에는 틀림없다. 하지만 이러한 나 역시 통일이 우리 사회의 모든 것을 해결해 줄 것이라고는 생각하지 않는다. 뿐만 아니라 현재 신자유주의 세계화 속에서 폭력적으로 전개되고 있는 사회 양극화 등 여러 사회적 갈등들이 통일에 종속되어 후차적으로 해결해야 될 문제라고도 생각하지 않는다. 그것은 사회문제를 바라보는 '본질과 현상의 문제'이지 '선후의 문제'가 아니기 때문이다. 마치 영양실조에 걸린 환자에게 나타나는 여러 질병을 치료하는 데 있어 근본적으로 환자의 영양상태를 개선하지 않는다면 그로 인하여 발생하는 현상적인 질병을 근본적으로 막을 방법이 없는 것과 같은 것이다. 하지만 또 한편으로 그러한 본질적 문제가 있다고 하여 지금 당장 환자를 고통스럽게 하는 여러 질병의 치료가 뒤로 미루어지는 것은 아닌 것과 같다.

현재 미국의 신자유주의는 글로벌스탠다드(global standard)라는 미명하에 자신의 제국주의적 본질을 포장하여 새로운 이데올로기로서 전세계 국민국가를 위협하며 '세계화'에 동참할 것을 강요하고 있지만, 그것의 본질은 '세계화'가 아니라 '미국화'이며, '다극화'가 아니라 '일극화'인 것이다. 엄연한 것은 현 시기의 역사발전의 단계가 '민족'을 단위로 하여 형성·발전되고 있는 '민족국가'의 단계이고, 이러한 사회역사발전의 단계에서 마땅히 우리 민족은 통일되어야 한다는 것이다. 이렇게 통일된 국민국가의 형태로 변화된 세계질서에 편입되는 것이 가장 바람직하다. 그렇지 않고 분단된 상태를 지속시킨다면 역사발전의 흐름과 어긋나는 근본적인 모순을 갖고 있는 상태에서 살아가게 되는 것이다. 이러한 근본적 모순의 해결 없이도 우리의 역사가 진보해 나갈 것이라고 생각한다면 그는 어리석은 사람일 것이다. 그것은 마치 100미터를 달려갈 수 있는 가능성을 무시한

민통선-DMZ 통일맞이 나들이

채 10미터를 달려왔으니 그것으로 자신은 충분히 역할을 다했다는 이야기나 다름없다. 마치 친일세력들의 '식민지근대화론'을 재구성한 것과 같은 논리인 것이다.

일제시대에는 우리의 최대의 과제가 '자주독립'이었다면, 분단된 현 시기는 그것이 '자주통일'일 것이다. 하지만 이러한 과제는 막연히 우리의 희망으로만 존재하는 것이 아니라 구체적 현실 속에서 준비될 때 그 역사적 과업을 이루어 낼 수 있는 것이다. 최근 북미관계가 급격히 진전되면서 이제 통일은 관념 속에만 존재하는 '미래형'이 아니라 구체적 현실 속에서 펼쳐지고 있는 '현재진행형'이다. 이제 더 이상 이러한 시대적 흐름을 거부할 수 있는 세력은 존재하기 어려운 것이 현실이다.

이러한 사회변화 속에서 민통선-DMZ 기행이 더 이상 반공 반북의 학습장으로 이용되어서는 안되며, 이제는 남과 북이 다가오는 통일의 주체세력으로서 '민족대단결'의 힘을 키울 수 있는 학습장으로 기능할 수 있도록 재구성되어야 한다고 생각한다. 이러한 미래지향적 통일교육에 대한 작은 희망을 나의 짧은 지식으로 엮어보고자 하는 생각에서 탄생된 것이 본서이다. 이러한 나의 바람이 본서의 제목 〈'하나'를 위하여〉로 표현된 것이며, 또 즐겁고 미래지향적인 부제 '통일맞이 나들이'로 나타난 것이다.

한편 민통선과 비무장지대라는 말 자체가 이미 군사적 용어이기에 우리들에게 긴장감을 일으키고, 또 탈냉전의 시대에 접어든 현재에 와서 조차도 그 접근이 원활하게 보장되지 못하는 곳이기 때문에 나의 연구 역시 제한적일 수밖에 없었음을 고백하지 않을 수 없다. 하지만 나는 이 책이 앞선 선각자들의 관심과 노력에

'하나'를 위하여

따른 결과물에 기초하여 쓰여졌듯이 이 책의 내용이 작은 하나의 받침돌이 되어 이 위에 또 다른 돌이 쌓여지면서 군사분계선을 뛰어 넘어 통일로 이르는 디딤돌이 되기를 희망한다.

7천만 겨레 누구나 원하는 통일, 분단된 우리의 조국이 자주적 평화통일이 되어 진정한 의미의 근대국민국가를 이루고, 그 속에서 더 이상 우리의 아이들이 왜곡된 역사와 교육 속에서 희생되지 않기를 기원해 본다. 또 하나라는 바탕 위에서 아이들이 마음껏 자신의 꿈과 희망을 펼쳐 나갈 수 있는 사회가 오기를 바라며 그런 사회로 다가가는 데 한걸음이라도 이 책이 보탬이 될 수 있기를 희망해 본다.

마지막으로 본서를 출간하는 데 있어 민통선 내의 출입과 그곳에 관한 정보 등 많은 도움을 준 이재석, 이재훈 님과 본서의 이미지 작업에 도움을 준 이선영, 한재일 님 그리고 접근의 제한성 등으로 내가 직접 촬영하지 못한 곳의 사진을 제공해 주신 통일뉴스(www.tongilnews.com)와 한성희, 김명원, 이영천 님께 감사드린다.

1

통일기행의 출발지,
〈김대중도서관〉

민통선-DMZ 통일맞이 나들이 '하나'를 위하여

통일기행의 출발지, 〈김대중도서관〉

이번 통일기행을 떠나며 그 출발지로 서울시 마포구 동교동에 위치한 '김대중도서관'(http://www.kdjlibrary.org)을 삼았다. 이는 우리 통일의 역사에 있어서 6·15공동선언이 갖는 역사적 의미를 되새기며, 또 남북의 양 정상이 합의한 내용을 이번 통일기행의 사상적 지표로 삼고자 함이다. 그리하여 아침 일찍 동교동에 위치한 〈김대중도서관〉을 찾았다.

▲ 서울 마포구 동교동 김대중 전 대통령 자택 옆에 위치한 김대중도서관. 좌측 건물이 김대중 전 대통령 자택이다.

물론 우리 통일의 역사에 있어서 가장 크고 의미 있는 남북 간 합의는 6·15공동선언보다 남북의 첫 번째 합의였던 7·4공동성명(1972)이라고 생각된다. 7·4공동성명서에는 우리가 원하는 통일의 목적과 방법이 명쾌하게 밝혀져 있기 때문이다. 문익환 목사가 "한 발짝 앞을 내다볼 수 없는 짙은 안개 속을 헤매다가도 날만 개면 이 민족의 나아갈 길을 가리키는 이정표로 앞에 뚜렷이 나타나는 것이 바로 7·4공동성명"이라고 한 것도 역시 거기에 〈자주, 평화, 민족대단결〉이라는 조국통일 3대 원칙이 통일의 이념적 지표로 명쾌하게 정리되어 있기 때문일 것이다.

> 쌍방은 다음과 같은 조국통일원칙들에 합의를 보았다.
> 첫째, 통일은 외세에 의존하거나 외세의 간섭을 받음이 없이 자주적으로 해결하여야 한다.
> 둘째, 통일은 서로 상대방을 반대하는 무력행사에 의거하지 않고 평화적 방법으로 실현하여야 한다.
> 셋째, 사상과 이념·제도의 차이를 초월하여 우선 하나의 민족으로서 민족적 대단결을 도모하여야 한다. (7·4공동성명 중에서)

이러한 조국통일 3대원칙은 그 뒤 남북의 모든 정치·군사적 합의서에서 항상 그 사상적 지표로 작용하고 있는 것이다. 따라서 이후 남북 간의 합의는 비록 7·4공동성명서에서 합의한 조국통일 3대 원칙을 원문 그대로 옮기지는 않을 지라도 모든 합의서의 근저에 그것이 깔려 있는 것이다. 1991년 남북기본합의서의 서문이 그러하며, 2000년에 있었던 6·15공동선언 1항이 그러하다. 또 이러한 것은 지난 2007년에 있었던 제2차 남북공동선언문에도 "6·15공동선언의 정신을 재확인"하는 것으로 표현되고 있다. 하지만 7·4공동성명을 상징할 만한 물리적 장소가 없는 터인지라 이번 통일기행에 있어서 나는 7·4남북공동성명의 조국통일 3대원칙을 근저에 깔고 합의된 6·15공동선언을 택하였다.

또한 6·15공동선언은 그 이전의 합의서들과는 달리 최초로 남북 각각의 국호와 양 정상의 직명이 명기된 합의문으로 그야말로 남북 최고지도자 사이의 합의서이기 때문이다. 한편 7·4공동성명은 서명주체에 국호나 직명이 모두 배제된 채 "서로 상부의 뜻을 받들어 이후락, 김영주"라고만 쓰여있을 뿐이며, 1991년 남북기본합의서는 국호와 직명 등이 모두 명기되어 있지만 서명 주체로 남측은 국무총리, 북측은 정무원 총리였을 뿐 최고 지도자가 아니었다. 따라서 6·15공동선언문이 전시되고 있는 김대중도서관을 이번 기행의 출발지로 삶은 것이다. 또한 이 도서관 옆은 6·15공동선언의 남측 주체였던 김대중 전 대통령의 자택이 함께 있어 통일기행 출발지로서의 역할을 충분히 할 수 있을 것이라고 판단하였다.

  이곳 김대중도서관은 2003년 1월 김대중 전 대통령이 건물과 사료 등을 연세대학교에 기증하면서 국민들 속에서 대중적으로 새롭게 태어난 곳이다. 따라서 일반 여타의 대학도서관과 크게 차이는 없음에도 불구하고 그 도서관이란 이름 앞에 전직 대통령의 이름이 붙게 되어 도서관 본래의 목적과는 달리 아직도 일반인들은 어렵고 뭔가 권위적으로 느끼고 있는 것 같다. 또 그 위치가 김대중 전 대통령의 자택과 붙어 있어서 그곳에는 항시적으로 경찰들이 경호하고 있어 이러한 선입관에 더욱 힘을 실어주고 있다. 참고로 전직 대통령은 퇴임 후 7년간 경호실에서 경호를 하고, 그 이후는 경찰로 경호업무가 이관된다. 따라서 현재 김대중 전 대통령 저택을 경호하고 있는 경찰관들은 청와대 경호실 소속이 되는 것이다. 이러한 몇몇 이유로 일반인들은 왠지 쉽게 찾아갈 생각을 하지 못하는 것이 현실이다. 하지만 이곳은 어느 누구에게나 열려 있는 공간으로 우리의 민주화운동과 통일운동의 견학장소로 지리적 접근성에 있어서 좋은 곳임에 틀림없다.

▲ 김대중도서관 로비에 들어서면 정면에 보이는 것처럼 김 전 대통령의 웃는 모습과 그 옆에는 전자 방명록이 설치되어 있어 사진과 남겨진 글들이 저장되어 김대중도서관 홈페이지에 기록되어진다.

    도서관의 구성은 1층은 '상설전시실'로 노벨평화상과 6·15공동선언문 그리고 옥중서신 등 세계평화와 민주화 운동에 관련된 물품들이 전시되어 있고, 2층은 '특별전시실'로 세계 각국 정상들로부터 받은 선물들이 전시되어 있으며, 또 사료실이 함께하고 있다. 한편 지하 1층은 '도서전시실'로 김대중 전 대통령의 소장도서가 전시되어 있으며 그곳에서 전시된 서적들을 간단히 읽어 볼 수 있도록 꾸며져 있다. 이렇게 총 세 개 층이 전시실로 꾸며져 있는 것이다. 한편 그곳의 3층에는 연세대학교 통일연구원이 자리하고 있으며, 4층은 도서관 사무실과 김대중 전 대통령의 비서실이 함께 있다. 마지막으로 맨 위층인 5층은 김대중 전 대통령의 연구실이다. 언론에서 현역 정치인 등 많은 방문객들이 김 전 대통령을 찾아가 면담을 할 때는 모두 이곳에서 이루어진다고 한다.

▲ 김대중도서관 1층 전시장. 사진 속의 왼쪽 전시물은 이희호 여사 소장품이며, 뒤편에 보이는 옷은 김대중 전 대통령이 청주교도소에서 착용했던 수의 등이다.

▲ 2층 특별전시실에는 김 전 대통령이 세계각국 정상들과의 만남에서 받았던 선물 및 의상들이 전시되어 있다.

김대중도서관은 본래 연구중심의 도서관으로서 그 기능에 맞게 설계되었으나, 그 뒤 이곳을 독서와 연구를 상징하는 도서관으로서의 의미보다는 좀 더 많은 사람들이 부담없이 찾아와 김대중 전 대통령의 세계평화와 민주화를 향한 삶에 대하여 알 수 있도록 2006년 리모델링하여 도서관으로서의 의미를 축소시키고 박물관 컨셉으로 바꾸었다고 한다. 그리하여 이전에 서적 중심으로 전시되어 있던 것에서 서적 이외의 소장품들이 더 많이 전시되고 있는 것이다.

〈묘향산 국제친선전람관〉

김대중도서관의 전시실에는 김 전 대통령의 개인소장품뿐만 아니라 국내외 여러 곳에서 선물받은 물품들이 전시되어 있다. 그 규모 면에서는 크게 차이가 나지만 북의 묘향산 국제친선전람관이 이곳 김대중도서관처럼 김일성주석과 김정일국방위원장에게 온 세계 각국의 선물들을 전시해 놓은 곳이다.

국제친선전람관은 1978년에 개관하였으며, 2006년 6월 현재 약 27만여 점으로 제1전람관에는 김정일 국방위원장에게 보내온 164개국의 54,389점, 제2전람관에는 김일성 주석에게 보내온 179개국의 220,356점의 기념품들이 소장되어 있다. 전시물건을 다 보자면 약 한 달이 걸린다고 한다.

▲ 묘향산 국제친선전람관 안내책자 표지(사진 김명원).

특징적인 것은 사진 속에 보여지는 전람관의 모습이 우리의 전통건축물인 한옥으로 되어 있지만 화재가 발생하기 쉬운 나무는 단 하나도 사용되지 않고 모두 돌로 만들어져 있다. 또 보여지는 것은 전람관의 입구에 불과하며 전시물이 존재하고 있는 200여 개의 전시실은 모두 지하에 만들어져 있다는 것이다. 이 모든 것이 전쟁과 분단으로 빚어진 건축법이니 그 기이한 건축양식에 놀라우면서도 왠지 씁쓸했다.

나는 도서관으로 들어가 전시실들을 둘러보았다. 전시실 입구에서 편안하게 웃으며 맞이하는 김대중 전 대통령의 모습이 그려진 대형사진이 편하게 느껴졌고, 1층 전시관에 들어서자마자 맨 처음 시선을 사로잡은 것은 다름 아닌 노벨평화상과 메달이었다. 사진 속에서 보여지듯 노벨평화상 증서에는 풍경화가 그려져 있어 평화로움을 더욱 느끼게 해 준다. 전세계 최고의 영예라고 할 수 있는 '노벨평화상'을 우리나라 사람이 타서 우리가 이렇게 직접 볼 수 있다는 사실은 무척 기쁜 것이다.

노벨평화상과 메달 옆으로는 김대중 전 대통령의 민주화투쟁관련 전시물들이 여럿 전시되어 있는데 그 가운데 나의 눈에 유독 들어오는 것은 깨알 같은 글씨로 꽉 찬 옥중편지였다. 한 달에 단 한 번밖에 그것도 가족에게만 편지를 쓸 수 있었을 뿐만 아니라, 편지의 내용도 봉함편지라는 정해진 공간을 벗어날 수 없었다. 그러하기에 최대한 자신의 생각을 많이 전달하고자 깨알 같은 글씨로 작성하였고, 가장 많은 양의 편지는 약 14,000자 분량이 들어간 것도 있다고 한다. 14,000자면 A4용지에 기본 포인트로 기입했을 경우 약 8~9매 정도의 분량이니 일반인들의 상상을 초월하는 것이다. 글씨의 크기가 작아 옥중편지 옆에 돋보기까지 놓여 있을 정도라면 쉽게 이해가 될 듯하다. 이렇게 전달된 김 전 대통령의 글들은 처음 1983년 일본에서 책으로 발간되었고 그 뒤 우리나라(1984), 미국(1987), 스웨덴(1999) 등 여러 나라에서 발간되었다.

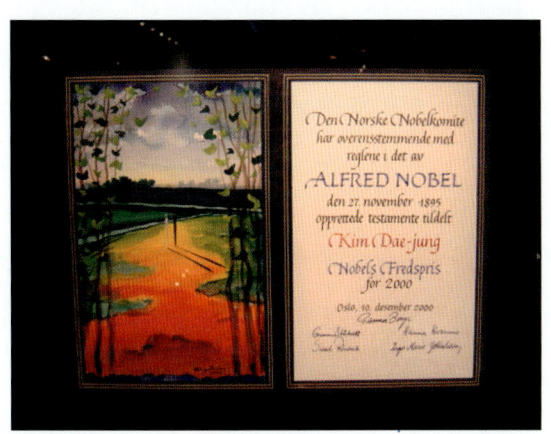

▲ 2000년 12월 수상한 노벨평화상과 메달.

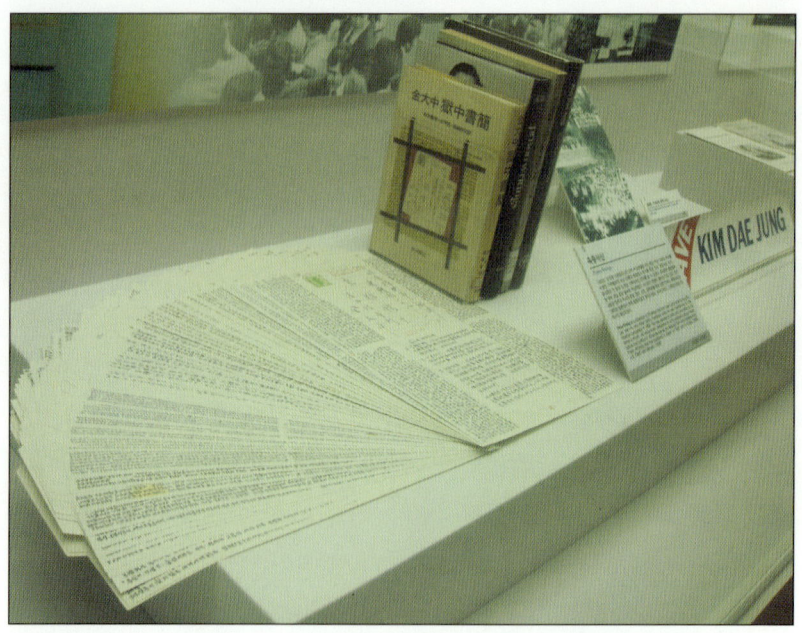

▲ 1980년 김대중 전 대통령이 '김대중 내란음모사건' 으로 수감된 동안 부인을 비롯한 가족들에게 보낸 29통의 편지를 묶은 '옥중서신' 과 당시 미국에서 구명운동에 사용되었던 스티커이다.

발길을 좀 더 옮기니 이번 통일기행에 있어 가장 의미 있는 전시물인 2000년 '6·15공동선언문' 이 유리관 속에 전시되어 있었다. 나는 그 앞에서 발길을 멈추어 다시 한번 합의문의 내용을 꼼꼼히 읽어 보며 그 의미를 되새겨 보았다. 특히 남측 사회에서 크게 논란이 되었고 아직까지도 그 해석에 있어서 큰 편차가 존재하는 두 개의 조항을 읽고 또 읽어 보았다.

1. 남과 북은 나라의 통일문제를 그 주인인 우리 민족끼리 서로 힘을 합쳐 자주적으로 해결해 나가기로 하였다.
2. 남과 북은 나라의 통일을 위한 남측의 연합제안과 북측의 낮은 단계의 연방제안이 서로 공통성이 있다고 인정하고 앞으로 이 방향에서 통일을 지향시켜 나가기로 하였다.

먼저 1항은 통일문제를 바라보는 '관점' 의 문제인 것이다. 그리고 그것이 구체적으로는 남쪽에 주둔하고 있는 주한미군과 연계된 문제일 것이다.

당시 미국정부의 한반도통일에 관한 기본 입장은 '평화'이며, 다른 말로 하면 남북 양국론에 의한 분단의 평화적 관리이다. 즉 북과의 관계정상화 대신 남측에서 미군의 철수 불가론이라는 것이다. 따라서 워싱턴은 제1차 정상회담 직전에 웬디 셔먼과 찰스 카드먼을 서울로 보내 김대중 전 대통령에게 미국의 입장을 전달하였고 주한미군 문제는 남북정상회담에서 거론될 성질이 아니라는 입장을 밝혔던 것이다. 남측 역시 이와 같은 입장으로 주한미군의 문제를 한미방위조약에 의한 한미 간의 문제로 보고 있다. 하지만 북은 주한미군 문제를 정전협정의 연장선상에서 북미 간의 적대적 문제로 보고 있는 것이다. 이처럼 주한미군은 이러한 상반된 관계를 동전의 양면처럼 지니고 있기 때문에 이 문제의 조정 없이 남북이 진정한 평화와 통일로 나가기는 어려운 것이 현실이다.

이러한 대치점에서 우리는 원칙적인 문제를 다시금 생각해 보아야 할 것이다. 통일이란 우리의 민족적 과업이다. 그리고 민족적 과업이란 오랜 세월 동안 하나의 민족, 하나의 국가로 존재해 왔음을 복원하는 것이다. 즉 완전한 '국민국가'로의 모습을 갖추는 것이다. 그리고 국민국가의 완전한 성취는 단지 민족의 외형적 결합에만 국한하는 것이 아니라 국민국가로서의 제일의 요소인 '자주권'을 갖는 것이다. 따라서 그러한 완전한 국민국가로의 형성의 주체는 마땅히 국가구성원들인 '우리'인 것이다. 그렇기 때문에 통일문제를 자주적으로 해결하는 데 있어 '열린 자주'니 '개방형 자주'하며 그 앞에 수식어를 동반하며 어떻게든 주한미군의 지위를 인정하려는 태도는 옳지 못한 자세이다.

다음으로 2항은 통일국가를 바라보는 '형태'의 문제이며 또한 통일의 '시기'에 관한 문제이기도 하다. 이 조항을 바라보는 남측 관계자들 사이에서는 많은 해석의 차이를 가져오고 있는 것이 현실이다.

　북이 연방제를 선호하고 남이 국가연합제를 선호한다는 것은 이미 널리 알려져 있는 사실이다. 당시 언론보도에 의하면 연방제와 국가연합제의 대립으로 열띤 논쟁 후 북은 '이것으로 회담이 끝났다. 더 이상 회담하지 않겠다'고 선언하고 퇴장하였다고 한다. 그러나 북은 다시 돌아와 '낮은 단계의 연방제'를 제시했으며 이로써 6·15공동선언이 가능했던 것이라고 전한다. 그렇다면 남측은 여기서 무엇을 조정했던 것일까?

　남측의 통일방안에서 흔히 1단계로 거론되는 국가연합단계는 상호 교차 승인한다는 양국론에서 출발한다. 이것은 현실론이란 장점도 있지만 끊임없이 'Two Koreas' 노선이라는 비판을 받아왔다. 하지만 2항의 합의문을 유심히 보면 연합제 앞에 '국가'라는 단어가 배제되었으며 연합제와 연방제의 공통성은 "나라의 통일을 위한"이란 전제 조건과 "통일을 지향"한다는 목표점 사이에 존재한다. 즉 'Two Koreas'로 나아갈 위험성을 앞뒤로 차단하고 있는 것이다. 이처럼 절묘하게 구성된 6·15공동선언문이기에 그 의미가 새롭게 다가오는 것이 사실이다.

　참고로 남과 북이 각각 나누어 갖은 6·15공동선언문은 그 내용은 같지만 형태는 서로 다르다. '남북'이란 표현이 북측 선언문에는 '북남'으로 표기된 것은 물론이거니와 서명 주체가 표

▲ 남북이 각각 보관하고 있는 공동선언문은 사진 속에 보여지는 것처럼 '남북(북남)'이란 용어, 필체, 서명 순서가 서로 다르다.

기되어 있는 위치도 각각 소유하고 있는 선언문에 서로의 서명 주체가 먼저 나오게 되어 있다. 뭐 이 정도의 차이야 우리도 쉽게 상상할 수 있는 것이다. 하지만 재미있는 것은 그 선언문의 필체도 서로 다르다는 것이다. 정확한 필체명은 잘 모르지만 일반인이 볼 때 북측의 선언문은 붓글씨체로 쓰여져 있으며, 남측의 선언문은 명조체로 쓰여져 있다. 이처럼 분단의 흔적은 이런 작은 것에서도 그대로 나타나고 있는 것이다. 하지만 이러한 차이보다 더 중요한 것은 선언문의 내용이 서로 같다는 것이다. 이처럼 우리는 오랜 세월을 헤어져 살아왔지만, 결국 우리는 하나로 살아가야 할 운명인 것이다. 즉 우리에게 통일은 '선택'의 문제가 아니라 '당위'의 문제라는 것이다.

그럼 이제 이러한 선택의 문제가 아닌 당위의 문제를 풀기 위해 가장 역동적으로 분단이 지워지고 통일이 열리는 곳. 파주로 통일맞이 나들이를 떠나보도록 하자.

〈One Korea와 Two Koreas에 대한 단상〉

앞서 6·15공동선언문 1항의 자주조항에서 언급된 "우리 민족끼리"라는 문구를 생각하며 우리가 통일을 이야기할 때 유의 깊게 보아야 할 사항이 있다. 아마도 그것은 'One Korea'와 'Two Koreas'에 대한 문제일 것이다. 남북 통일정책의 핵심적 차이가 바로 여기에 존재하는 것이기 때문에 따로 이에 대하여 좀 더 깊이 살펴보고 떠나도록 하자. 그 방법으로 남측정부의 공식적인 통일방안인 〈한민족공동체통일방안〉이 갖고 있는 2국론(Two Koreas)적 요소에 대한 분석을 택하였다.

우리는 분단국으로서 사회과학적으로는 아직도 완전한 근대국민국가를 형성하고 있지 못하고 있다. 따라서 국민국가 건설이라는 근대화의 과제를 안고 있는 우리는 그것을 극복하기 위하여 현재 활발하게 통일에 관한 논의가 전개되고 있다. 그리고 그것은 현시기

역사발전의 단계를 어떻게 보느냐에 따라 대외적으로는 신자유주의 세계화에 대한 정책이 다르고, 대내적으로는 통일 정책에 있어서 1국론(One Korea)과 2국론(Two Koreas)으로 대립하게 된다. 현재 급속하고도 역동적으로 진행되고 있는 북핵문제는 북미간 종전이란 목표를 향해 달려가고 있는데, 이를 통하여 남·북·미 삼각관계에서 전쟁과 평화라는 존재 자체의 문제가 어느 정도 가닥이 잡히면, 다음 쟁점은 존재의 방식, 즉 하나(One)와 둘(Two)의 문제로 옮겨가는 것이 필연적 수순일 것이다. 이러한 단계에 앞서 우리는 먼저 통일 문제를 관통하는 핵심적인 쟁점의 하나가 남과 북 둘의 관계를 현재 어떻게 바라보느냐는 것이다. 그것은 대체로 다음 3가지로 나누어지고 있다.

북을 바라보는 시각	근거	입장
북을 이적단체로 보는 시각	국가보안법, 헌법 3조(영토조항)	남쪽은 유일합법정부이며, 북은 불법 강점한 반국가단체로 인식
두 개의 국가로 보는 시각	박정희의 6·23선언(1973)부터 노태우의 유엔동시가입(1991) 등에서 제기된 시각(김대중-노무현정부도 대체로 이에 동조하고 있음)	남북을 각각 별개의 국가로 보는 입장
하나의 국가로 보는 시각	7·4공동성명(1972), 남북기본합의서(1991), 6·15공동선언(2000) 등	"나라와 나라 사이의 관계가 아니라 통일을 지향하는 과정에서 형성된 잠정적인 특수 관계"

첫째, 이적단체로 보는 시각으로 국가보안법의 규정이 이에 해당된다. 국가보안법은 "대한민국의 영토는 한반도와 부속도서로 한다."는 헌법 3조 영토조항을 근거로 대한민국을 한반도 유일 합법정부로 보고 조선민주주의인민공화국은 한반도 북측을 불법 강점한 반국가단체로 본다. 따라서 이러한 시각에서 북을 바라보면 모든 남북대화와 협상 자체가 무의미한 것이고, 북은 오직 와해, 척결의 대상이 될 것이다. 이런 관점에서 남북관계를 바라보는 사람들은 그 세력이 약화되고 있지만 아직도 이런 방식의 논리를 주장을 하는 사람들이 적지 않게 남아있는 것이 현실이다.

둘째, 두 개의 국가(Two Koreas)로 보는 시각으로 1973년 박정희정권의 6·23선언(남북 교차승인과 UN 동시가입)에서부터 시작되어 노태우정권의 UN 동시가입(1991) 과정 등에서 제기되었던 것이다. 즉 대한민국과 조선민주주의인민공화국은 각각 별개의 국가라는 것이다. 김대중-노무현정부의 통일인식도 대체로 이런 관점에 있다.

셋째, 하나의 국가(One Korea)로 보는 시각으로 이는 7·4공동성명에서부터 시작하여 1991년 남북기본합의서 그리고 6·15공동선언에 근거한다. 남북기본합의서 규정을 인용한다면 남북 사이의 관계를 "나라와 나라 사이의 관계가 아니라 통일을 지향하는 과정에서 형성된 잠정적인 특수 관계"로 보는 입장이다.

위에서 크게 나누어본 현재 남과 북의 관계를 바라보는 시각에서 지난 국가보안법 개폐논쟁에서 보여 지듯이 남측 주류 제도권사회에서는 첫째와 둘째 시각, 즉 반국가단체냐 서로 다른 국가냐의 문제 사이에서 논쟁이 되고 있다. 그러나 이러한 남쪽 내부의 현실과는 달리 남과 북이 만나는 공간에서는 세 번째 입장 즉 1국론이 등장하고 또 대부분의 합의가 이러한 세 번째의 입장에서 이루어지고 있는 것이 현실이다.

이렇게 보면 남의 주류 제도권 사회에서 치열하게 논쟁이 되고 있는 남북관계에 관한 논쟁은 다분히 내부용이거나 허구적이며 정략적인 것임을 알 수 있다. 이처럼 북에 대하여 이적 단체니 내지는 다른 주권 국가니 남쪽 내 서로 정파 간에 대립되다가도 북과의 협상에서는 항상 세 번째 입장에서 합의하고 돌아오는 것이 정치권의 여야를 구분하지 않고 동일한 현상이다. 이러한 주류 제도권 사회의 이중적인 언행은 남쪽 주류사회의 낙후한 인식을 잘 보여주는 사례이다. 반면 미국은 1국론과 2국론의 차이를 정확히 분석하고 있었다. 이것이 1973년 6·23선언과 또 최근의 변화된 정세 속에서 페리보고서로 나타나고 있는 것이다.

결과적으로 냉전의 유물이며 정략적 의미만 존재하고 있는 반국가단체론을 제외하고 나머지 관점인 1국론과 2국론의 시각에 따라 다양한 쟁점으로 이어진다. 그것을 살펴보면 다음과 같다.

첫째, 1국론과 2국론은 역사인식을 달리한다.

먼저 1국론의 관점에서 본다면 본래 하나였던 것이 둘로 나누어진 것이므로 현재의 분단을 하루 빨리 끝내고 통일하는 것이 과제이다. 따라서 이 시각에서는 분열의 원인을 분석·해결하고 또 남북 분단의 법적 질서인 정전협정의 제거가 중요한 관심 대상일 것이다. 또 정전협정을 평화협정으로 바꾸어 미국의 개입 근거를 제거한 뒤 남북을 하나로 합치기 위한 본격적인 작업이 중요하게 된다. 즉 진행순서로 보면 '북미 사이의 평화협정 - 남북 사이의 통일협상'이 기본을 이루게 될 것이다.

반면 2국론의 시각에서는 양국은 본래 하나의 민족이었을지라도 서로 다른 체제를 형성하고 있으므로 그것을 서로 인정하고 추인할 것이다. 그리고 일단 두 개의 국가를 이루되 어느 쪽이 우세하냐를 기준으로 다른 한쪽이 우세한 체제에 흡수되는 방향으로 이어질 것이다. 이러한 시각 속에서는 남과 북의 경제적 격차 등 계량적 이유로 통일보다는 남과 북의 평화공존이 더 중요하게 여겨지는 것이며 따라서 북미평화협정 보다 남북평화협정이 앞서는 것이다. 또 이러한 상황이기에 남쪽에서의 미국의 지위는 미지수이며 통일논의의 대상에서 제외되는 것이다. 단지 통일은 북의 체제를 남과 유사하게 바꾸어 나가고 흡수 가능할 경우에 논의대상이 되는 것이다.

둘째, 1국론과 2국론으로 대변되는 연방제와 연합제에서 외세 즉 미국의 지위에 대한 차이이다.

1국론과 2국론 양자 모두 남과 북 서로의 사상, 제도, 이념의 차이를 받아들이고자 한다. 하지만 중요한 차이점을 지니고 있다. 바로 그것이 외세에 대한 관점인데 이것은 남과 북의 통일정책에 있어서 핵심적인 차이이며 이로 인해 결정적인 대립을 보이고 있는 것이다.

먼저 2국론이 주장하는 국가연합이란 그야말로 남북 간 국가관계를 지향하는 것이며 통일보다는 교류와 평화를 강조한다. 현 단계에서 이러한 관계를 정립하는 데 가장 중요한 징표가 되는 것은, 북미 간의 대립을 축으로 하는 '정전협정'을 남북이 국가 대 국가의 새로운 평화조약(협정)으로 전환하는 것이다. 그렇게 되면 남측 주한미군에 대한 북측의 발언과 개입은 정전협정의 문제가 아니라 국제법적으로 불법행위가 된다.

반면 1국론에서 주장하는 남북연방은 제도, 사상, 이념의 차이를 폭 넓게 인정하지만, 국가주권의 차원에서 남과 북은 어디까지나 '하나'라는 것이다. 또한 이것은 동시에 남북이 아닌 외세는 타자라는 것을 의미하고 있다. 즉 남북이 '하나'라는 개념에서는 '하나가 아닌 주한미군'의 지위와 위상에서 어떠한 변동을 필연적으로 함의하고 있다. 이러한 'One Korea'를 표현하는 개념이 통일이며, 여기서 평화는 통일과 분리되지 않는다. 이럴 경우 평화문제에 대해 남북 사이의 공동선언이나 조치는 있을 수 있지만, 국가 간의 조약이나 협정은 있을 수 없다.

이처럼 통일문제는 민족을 바라보는 개념에 따라서 그 방법론은 엄청난 차이를 가져오고 또 그러한 방법론의 차이 이면에는 감상적 차원의 통일논의를 뛰어 넘는 현실의 엄연한 힘의 질서가 존재하는 것이다. 한편 이러한 방법론의 차이를 만들어내는 사상적 근거에는 단일민족으로서 통일의 주체 세력인 남과 북 서로를 어떻게 바라보느냐는 것이다. 이러한 관계에서 우리 사회에서 논의되고 있는 민족, 민족주의를 다시 한번 되돌아 볼 필요가 있는 것이다.

2

자유로와 통일동산

자유로와 통일동산

(1) 자유로에서 보여지는 <분단의 현실>

　이번 기행의 출발지였던 <김대중도서관>을 떠나 번잡한 신촌로타리를 벗어나 서강대교 밑에서 강변북로에 올라섰다. 서강대교 부근에서 강변북로를 따라 자유로가 시작되는 행주대교까지는 자동차로 약 15분 정도 걸린다. 그런데 가양대교를 지나자마자 서울을 벗어나고 경기도에 들어서는데 통일기행을 위해 찾아온 우리를 맞이하는 것은 다름 아닌 도로 위에 육중하게 건설된 콘크리트 탱크방벽이었다. 서울에서 북쪽으로 가는 도로에는 자유로뿐만 아니라 통일로 등 거의 모든 도로에 탱크방벽이 설치되어 있다. 어서 이런 비경제적이고 시각적으로도 안 좋은 이런 것들이 없어지는 날이 오기를 바라며 육중한 콘크리트 탱크방벽을 통과하였다.

　탱크방벽을 지나자마자 확 트인 시야에 행주대교 북단의 끝 자락에 놓인 덕양산이 <행주산성>에 둘러싸여 정면에 들어온다. 그 정상에는 조국을 지키기 위하여 조선의 아낙네들이 치마자락에 돌을 담아 올려 외세를 물리침으로써 조선민족의 자주성과 민중성을 한없이 드러낸 행주대첩비가 우뚝 솟아있다. 3만 왜병을 조선군 2천3백 명과 마을 아낙네들의 힘으로 물리쳤다니 그들의 후손으로서 가슴 뿌듯해진다. 여기 행주산성에서 함께 조국을 위해 싸웠다는 아낙네들의 전투장비(?)로 치맛자락이 전부였다니 그동안 우리에게 정겨운 어머니의 자태로만 느껴지던 행주치마라는 말 속에서 우리 조상들의 민족애와 자주성이 스며있음을 느껴본다. 이처럼 오늘날 우리의 생활 곳곳에는 지난날 우리의 역사가 숨쉬고 녹아져 있는 것이다.

 행주대교를 지나 계속 하나로 연결되는 도로이기에 운전자들은 전혀 길이 바뀌었다는 것을 느낄 수 없지만 행주대교 이후로 펼쳐지는 도로는 〈강변북로〉에서 그 이름을 바꾸어 〈자유로〉라고 한다. 행주대교부터 임진각까지 총 46.6km의 도로이다. 행주대교를 지나자마자 나타나는 일산 IC 고가도로 밑에는 〈자유로〉를 나타내는 표지석이 도로 중앙에 서서 자신의 이름을 알리고 있었다. 하지만 지나치는 차량이 무척 많을 뿐만 아니라 고속으로 달리는 곳이라 그것을 찾아보려고 주의해서 보지 않는 이상 그냥 지나치고 가기 쉽다.

 그리고 자유로가 펼쳐지는 이곳부터는 강변북로와 달리 한강하류의 강기슭에 분단을 알리는 철조망이 빈틈없이 쳐져 있고 그 철조망 사이사이에는 간첩들의 침투를 확인할 수 있도록 철조망 곳곳에 자갈이 정교하게 올려져 있다.

▲ 자유로와 37번(문산-연천) 국도를 따라 한강변과 임진강변 전체에 설치된 간첩침투 방지 철조망. 사진 속의 철조망은 행주대교와 김포대교 사이 한강변이며 철조망 뒤편에 보여지는 것이 서울외곽순환고속도로로 이어지는 김포대교이다.

서울을 벗어나자마자 우리를 맞이한 탱크방벽과 함께 철조망으로 둘러친 이런 모습에 왠지 슬퍼진다. 바로 앞 행주산성에서 과거의 적은 외세였지만, 철조망이 펼쳐지는 여기서부터 현재의 적은 바로 북녘 땅의 우리 민족이기 때문이다. 행주대교를 기점으로 남동쪽 서울방향으로는 강변북로를 따라 한강고수부지가 시민공원으로 아름답게 조성되어 있지만, 서북쪽 임진각방향으로는 자유로를 따라 철조망이 쳐져 있으며, 곳곳에 간첩 침투를 경계하는 카메라가 설치되어 있어 긴장과 경계를 불러일으키고 있어 너무도 극명한 대조를 보인다. 왠지 〈자유로〉라는 명칭과 안 어울린다는 생각이 갑자기 든다.

또 김포대교 바로 아래에는 서울올림픽을 한해 앞둔 1987년에 건설된 〈신곡수중보〉가 드넓은 한강하류를 자르고 걸쳐 있다. 한강에는 두 개의 수중보가 있는데 하나는 잠실수중보이며, 나머지 하나가 바로 김포대교 아래 놓여진 신곡수중보이다. 이 두 개의 수중보가 모두 한강 수위를 조정하기 위한 것이라고 하지만, 신곡수중보는 잠실수중보와 달리 한강 수위 조정이라는 목적 외에 올림픽을 앞두고 북의 무장간첩선이 서해에서 한강을 타고 침투하지 못하도록 만든 것이라는 견해도 일각에서 제기되고 있다.

무엇이 옳은 말일까 생각하며 이

▲ 자유로에서 일산 신도시와 김포시를 잇는 김포대교 밑의 신곡수중보 (1987년 건설). 이는 서울올림픽 대비 한강유람선 운행을 위한 한강수위 조절과 동시에 간첩선 침투방지의 목적으로 건설되었다.

2. 자유로와 통일동산 ■ 33

생각 저 생각해 보는 사이에 자동차는 이산포IC를 지나고 파주시로 다가가고 있었다. 그런데 파주시에 접어들었음을 알리는 자유로휴게소를 1km 정도쯤 남겨둔 구산IC 근처의 철조망 넘어 "무장간첩 섬멸 기념"이라고 새겨진 기념비가 우뚝 솟아 있는 것이다.

이 기념비를 보는 순간 '아~, 이래서 철조망이 쳐져 있었던 것이구나'라는 생각과 또 '김포대교 밑의 신곡수중보도 간첩선의 침투를 막기 위한 것이라는 말이 맞네'라는 생각도 들지만 어쨌든 그것은 이제는 지난 역사 속의 한 페이지로 접어두어야 한다고 생각된다. 지난 냉전의 시대 불행했던 과거는 이제 남북화해를 알리는

▲ 자유로 이산포IC를 지나 구산IC직전에 설치된 〈무장간첩 섬멸 기념비〉(1980). 한강하구는 군사분계선이 없는 관계로 비무장지대도 존재하지 않기 때문에 남과 북 쌍방의 간첩들이 쉽게 넘나들 수 있었던 곳이다.

6·15공동선언 이후에는 그저 역사 속에 담아두었으면 한다. 그렇지 않고 이것을 과거가 아닌 현실 속에 끊임없이 재생산해 내는 방식으로 현실을 구성한다면 조국통일이란 우리의 미래는 한 발짝도 앞으로 나가기 어렵다고 보아야 한다. 지난 반 세기 동안 냉전의 기억 속에서 우리의 조국통일이란 역사적 과업은 한 발자국도 나아가지 못했던 것을 우리는 알지 않는가? 이제는 좀 마음을 넓게 갖고 보다 큰 미래를 그릴 준비를 해야 할 것이다.

이처럼 자유로를 따라 늘어선 이 분단의 철조망 옆에는 현재 고양시와

LG 디스플레이 공단이 들어서 있는데, 고양시는 지난 2006년 '뉴스위크' 지에 의해 후쿠호카, 라스베가스 등과 함께 세계에서 가장 역동적인 10대 도시로 뽑혔고, 또 LG 디스플레이 공단은 최첨단LCD를 생산할 뿐만 아니라 그 규모 역시 세계 최대의 LCD생산기지이다. 이처럼 여기 자유로 변에는 분단과 통일, 전쟁과 평화, 과거와 미래가 혼란스럽게 공존하고 있기에 우리는 전쟁과 분단이라는 과거를 걷어내고 평화와 통일이라는 미래를 준비하며 이제는 이 철조망을 걷을 준비를 해야 할 시기인 듯하다.

▲ 서울시 구파발에서 경기도 고양시 방향으로 이어지는 통일로 입구에 2006년 뉴스위크지에서 '세계에서 가장 역동적으로 발전하는 세계 10대도시'로 경기도 고양시가 선정되었음을 알리는 선전간판이 놓여져 있다.

참고로 행주대교 북단부터 드리워진 철조망이 지금 공사중인 일산대교(자유로 이산포IC에서 일산과 김포시가 연결되는 다리)가 완공되는 시점에 철거된다고 하니 다행이다. 그런데 아쉽게도 일산대교가 건설되고 있는 이산포IC까지만 철거된다고 한다. 이는 자유로 46.6km에 드리워진 철조망 가운데 약 8km에 불과하다. 하지만 이렇게 조금씩, 조금씩 철조망들을 걷어내듯이 우리의 현실은 통일을 향해 나아가고 있음을 확신하며 파주로 향했다. 출발지인 김대중도서관을 떠나온 지 30분 정도밖에 안되었지만 파주시에 접어들었음을 알리는 표지판이 눈에 들어와 그 옆에 최근 만들어진 자유로휴게소에 잠시 머물러 쉬었다 가기로 하였다.

(2) 자유로 중간쯤에 있는 〈자유로기념비〉

자유로휴게소는 파주시가 시작되었음을 알리는 곳처럼 고양시와 파주시의 경계에 위치해 있다. 이곳의 행정 소재지명은 최근 신도시가 개발되기 시작한 파주시 교하읍이다. '교하(交河)'라는 지명은 한강의 물과 임진강의 물이 교차하는 곳이라 하여 '교차할 교(交)'와 '물 하(河)' 자가 결합하여 지어진 이름이다. 무심코 지나쳤던 지명 속에 들어있는 두 글자이지만 자신을 이보다 더 극명하게 표현할 수 있는가 싶을 정도로 잘 지어진 이름이라는 생각이 든다. 지난날 한강과 임진강이 합쳐져 이름 지어진 이곳에서 이제는 남과 북이 합쳐져 새로운 이름이 탄생되기를 기원해 보자.

넓은 휴게소에서 도로변 쪽으로 '자유로'라고 새겨진 커다란 기념비가 놓여져 있어 그 앞에 가서 안내문을 보니 이 글을 쓴 사람은 다름 아닌 노태우 전 대통령이었다. 자신의 통일을 향한 자유로 건설업적을 후대에 남기고 싶었던 것인가 보다. 참고로 통일로가 시작되는 구파발에 있는 통일로 표지석의 '통일로'라는 글씨는 박정희 전 대통령의 글씨이다.

▲ 설립시기 각 대통령의 친필로 쓰여진 '자유로' 표지석(자유로휴게소에 위치)과 '통일로'(구파발 통일로 입구에 위치) 표지석.

그런데 이것을 보는 순간 이상한 생각이 들었다. 자유로를 알리는 이 기념비는 자유로가 시작되는 고양시 행주대교 남단부근에 있는 것이 아니라 왜 이곳 파주시에 있는 것일까? 이 기념비는 자유로휴게소가 건설되기 훨씬 이전부터 이곳에 있었다. 물론 휴게소 건설을 위한 부지조성은 이전부터 되어 있었지만 실체적인 휴게소가 건설된 것은 노무현정부 때의 일이고, 이 기념비는 노태우정부 때부터 텅 빈 휴게소 부지 위에 홀로 서있었던 것이다.

그래서 사람들은 이곳부터 자유로가 시작되는 것으로 알고 있는 사람도 간혹 있다. 이곳에 오는 동안 행주대교 부근에서 본 자유로 표지석은 도로 중앙선 위에 있음에도 불구하고 일산IC라는 입체교차로 기둥과 혼란스럽게 서있고 또 그 크기도 자유로휴게소에 있는 것보다 훨씬 작아 고속 주행 속에서 주의해서 보지 않는 이상 눈에 잘 띄지 않기 때문이다. 반면에 이곳 휴게소에 있는 비석은 어느 누구도 이것을 안보고 지나칠 수 없을 만큼 크고 훤하게 드러내놓고 있다. 일반인들의 상식으로 참 이상한 일이다.

자유로기념비의 위치를 설명할 만한 어떠한 자료도 없는지라 그 이유를 모르기에 나름대로 상상해 보았다.

자유로휴게소는 '파주시 교하면 산남리'에 위치해 있다. 따라서 혹시 교하(交河) 노(盧)씨 창성군파인 노태우 전 대통령이 자기 가문의 고향인 이곳에 세운 것은 아닐까? 이리하여 조선왕조 광해군시절 제기되었다 이루지 못한 '교하천도론'을 통일된 후 수도를 이곳 교하로 옮기어 후대인 자신이 이루려 한 것일까? 등등. 조금은 황당하지만 그저 노태우 전 대통령이 쓴 '자유로'라는 글씨에 이런 짧은 지식을 동원하여 이런저런 생각을 해 보았다.

참고로 교하천도론은 1612년(광해군 4) 조정에서 서울을 교하로 옮기자는 논의로서 당시 임진왜란을 겪은 후 역적의 변란이 계속되어 민심이 동요되고 있을 때, 지리학에 밝은 이의신은 서울의 지덕(地德)이 쇠하여 왕기(王氣)를 잃었으므로 파주 교하(交河)로 천도해야 한다고 주장하였다. 왕은 깊은 관심을 가지고 삼사(三司), 즉 사헌부·사간원·홍문관에 명하여 교하 일대의 지도를 작성하도록 하였다. 조사를 마친 후 천도의 가부를 정하기로 하였는데, 결국 천도는 이루어지지 않았다.

(3) '자유로'를 통해 본 남측 통일관

이렇게 시작된 길에 대한 나의 관념은 좀 더 깊이 들어가게 되었고, 우리 인간에게 '길'이 갖고 있는 본래적 의미와 또 여기 펼쳐져 있는 자유로가 우리 통일의 역사에 어떠한 의미인가에 대하여 좀 더 깊은 공부를 해 보기로 했다.

길은 중요하다. 길이 있어서 생명이 자라날 수 있는 것이기 때문이다. 길이 막히는 것은 기(氣)가 막히는 것이며, 기가 막히면 생명은 죽고 만다. 그러므로 길의 중요성은 근원적이며, 길의 가치는 도구적인 것이 아니라 본질적인 것이다. 예수 역시 "나는 길이요 진리요 생명이라."고 하며 길을 진리와 생명과 동일선상에 놓았던 것이다. 이 말의 기독교적 맥락을 떠나서 이처럼 길이 진리나 생명과 같은 정도로 중요한 것으로 여겨진다는 사실에 주목할 필요가 있다. 예수보다 훨씬 더 오래 전에 노자는 "도(道)라고 말할 수 있는 것은 도가 아니다."라고 했다. 도는 우주의 오묘한 섭리를 뜻하지만 그 직접적인 뜻은 다름아닌 길이다. 노자는 길이라는 말로 우주의 오묘한 섭리를 가르쳤던 것이다. 길은 끝없이 이어져 있고, 이 때문에 흔히 인생과 역사 그 자체를 뜻하기도 한다.

이처럼 길이란 인간에게 생명이요, 또 그러하기에 인간이 지키고 지향해야 할 의미를 내포하는데 그러한 길에 대하여 왜 이 길의 이름을 '자유로'라고 지었을까 알아보기로 했다. 하지만 '자유로'란 작명의 근저에 깔려있는 세계관을 알았을 때 약간 놀라운 것은 그것에는 북에 대한 배타적인 요소가 강하게 내포되어 있다는 사실이다. 어떠한 이유로 자유로라는 명칭이 배타적인 요소를 내포하고 있다고 보는 것일까?

〈통일의 시대에 역행하는 반통일적인 도로 이름들〉

서울 근교에 남에서 북으로 가는 길은 여러 개가 있다. '자유로'뿐만 아니라 박정희정부시절 1971년 개통된 '통일로'(서울 구파발-파주 문산)와 '평화로'(3번 국도로 동두천, 연천으로 이어지는 길) 그리고 아직도 이런 명칭의 길이 있나 싶어할 '북진통일로'(43번 국도로 포천을 지나 운천을 연결하는 도로)와 '북진로'(3번 국도로 연천군에서 철원으로 이어지는 길)가 있다. 1950년대 이승만 전 대통령의 북진통일론이 아직도 국내적으로는 '남북 화해와 협력'의 시대란 구호, 그리고 국제적으로는 '세계화'란 구호와 나란히 공존하고 있는 것이다. 이러한 도로 명칭만 보아도 우리 사회의 통일에 대한 관점이 시대의 변화에 따라 정돈되지 못하고 혼재되어 있음을 느낄 수 있다.

특히 가장 호전적인 명칭의 북진통일로는 사진에서 보여지는 것처럼 그 표지석이 서 있는 위치는 탱크방벽 옆이며, 그 탱크방벽은 신자유주의 세계화의 물결로 광고판이 꾸며져 있다. 그리고 그 광고판 위에는 '통일조국의

▲ 포천을 관통하는 43번 국도에서 운천과 철원방향으로 '3.8선 휴계소'를 지나 약 1~2km쯤에 설치되어 있는 〈북진통일로〉의 표지석.

중심지 포천'이란 글이 쓰여져 있다. 분명 여기에 쓰여져 있는 '통일조국'이란 북진통일의 결과를 말하는 것은 아닐 터인데 이렇게 대립적인 통일관이 양립하고 있는 것이다. 그렇지 않다면 혹시 여기 쓰여진 '통일조국'은 어쩌면 과거 '무력'에 의한 북진통일에서, 현재는 '경제력'에 의한 북진통일로 수단이 변경되었을 뿐 본질에 있어서 흡수통일이란 측면에서 동일한 것을 의미하는 것은 아닐까라는 생각에 왠지 씁쓸해진다.

노태우 전 대통령은 1988년 43차 유엔총회 특별연설에서 한반도 평화통일을 위하여 비무장지대에 남과 북이 함께 어울릴 수 있는 '평화시'를 건설하자고 북에 제안하였다. 이러한 제안은 1989년 9월 '한민족공동체 통일방안'으로 구체화되었고, 평화시 건설제안과 함께 연관되어 파주시에 지금의 통일동산과 자유로의 건설이 추진되었던 것이다. 이로써 1990년 8월 자유로가 착공되어 1차적으로 파주시 탄현면 통일동산 입구인 성동IC까지 개통되었고, 그 뒤 계속 공사가 진행되어 임진각 〈자유의 다리〉까지 총 46.6km가 완공되었다.

이러한 공사를 위한 사전작업으로 국방부에서는 1989년 6월 그동안 민간인통제구역으로 묶여있었던 이곳 통일동산 일대를 포함하여 민통선을 대거 북상 조정하여 풀어주었다. 특히 통일동산이 있는 파주시 탄현면은 다른 내륙지방과 달리 서해로 이어지는 곳이기 때문에 군사분계선이 없고 또 그로 인해 비무장지대 역시 없는 곳으로 바로 강 건너 북녘 마을이 육안으로 보이는 곳이다. 이러한 지리적 조건으로 말미암아 지난 과거 남북의 간첩들이 수없이 넘나들던 이곳이 새롭게 통일의 문턱으로 다시 태어난 것이다.

당시 이홍구 통일원장관은 노태우정부의 새로운 통일방안인 '한민족공동체통일방안'을 설명하며 이는 "사회가 국가보다 더 원초적인 조직이라는 철학에서 시작된다. 바꿔 말해 모든 것을 생각하는 데 있어서 정치를 중심으로 한 국가체제보다는 민족을 중심으로 하는 사회체제에 역점을 둔 통일방안"이라고 하여 그동안 체제중심의 대립적 통일관에서 민족을 중심에 놓고 생각하는 바람직한 통일정책이 수립되었음을 느끼게 하였다.

하지만 이러한 민족 중심적인 통일방안이라는 설명에도 불구하고 그 구체적인 실현방법은 2국 2체제의 병존이라는 분단의 영구화를 야기시킬 수 있는 위험성을 내포하고 있었다. 이러한 '한민족공동체통일방안'을 쉽게 풀어보자면 남과 북이 이제 그 체제를 달리하고 너무도 오랜 세월을 서로 다르게 살아왔기 때문에 단일 민족임에도 불구하고 쉽게 함께 하기 어려우니 '서로 다른 국가로', '서로 다른 체제로', '평화롭게 살아가다', '언제일지 모를 오랜 세월이 지난 후에' '북이 남처럼 자유민주주의로 그 체제를 변화하면' 그때 통일하자는 것에 다름 아니었다. 이 논리 속에는 북이 자유민주주의 체제로 변화해야 한다는 조건이 전제되어 있는 것이며, 따라서 지금의 북측 체제를 인정해 줄 터이니 그러한 체제를 유지하는 속에서는 통일하지 말고 평화롭게 서로 다른 국가로 살아가자는 의미가 내포되어 있는 것이다.

이러한 논리전개 속에서 이홍구 통일원장관은 한민족공동체통일방안의 "통일의 이념은 자유, 인권, 행복의 가치가 구현된 민주국가로 결정했으며 국가형태는 단일국가로 확정했다."고 한다. 즉 '자유'를 통일이념의 정점으로 설정하고 그 국가형태를 단일국가인 '1민족 1국가 1체제'로 결정한 것이다. 이러한 통일국가의 완성 전에는 1민족 2국가 2체제로, 즉 서로 다른 국가로, 서로 다른 체제로 공존하면서 평화롭게 살아가자는 것이다. 이러한 통일논리의 전개 속에서 '자유로'라는 작명의 출처를 확인할 수 있는 것이다.

당시 1989년 베를린 장벽이 무너지고 소련 및 동구 사회주의권이 붕괴되면서 고립된 북에 대하여 우월한 시각으로 추진된 노태우 전 대통령의 북방정책은 불행히도 그 속에 가진 자의 자유로 못 가진 자의 평등을 흡수 통일하겠다는 발상이 스며들어 있었으며 그것이 〈자유로〉 건설의 역사적 배경인 것이다. 이렇게 해서 1972년 남북이 처음으로 합의했던 조국통일 3대원칙인 〈자주, 평화, 민족대단결〉의 정신은 사라지고 그 대신 〈자유, 인권, 민주〉가 자리잡게 된 것이다.

이러한 논리체계를 갖고 있는 한민족공동체통일방안은 당시 노태우정부에 의하여 제시되고 그 뒤 정권이 바뀐 김대중, 노무현정부 등에 이르러서도 그대로 남쪽정부의 공식적인 통일방안으로 유지되고 있는 것이다. 김대중정부의 '햇볕정책'과 노무현정부의 '평화번영정책'은 노태우정부의 통일방안인 〈한민족공동체통일방안〉을 실현시키기 위한 구체적 방법론일 뿐이며, 현재 정부의 공식적인 통일방안은 여전히 노태우정부 때 제시된 〈한민족공동체통일방안〉을 그대로 고수하고 있는 것이다. 이러한 이유로 남북이 만나면 항상 남측은 '통일과 분리된 평화'를 이야기하게 되며, 북측은 '평화와 통일은 분리될 수 없는 것'이라는 입장으로 대치되고 있는 것이다.

따라서 자유로 건설 당시 미소 양극의 냉전체제가 무너지고 다극화 시대가 열려 우리의 통일역사에 호기를 만났음에도 불구하고 통일의 상대방인 북을 있는 그대로 인정하지 않고 우리 기준으로 그들을 재단함으로써 당시 국제정세에 비추어 그에 상응하는 남북관계의 진전이 없었던 것이다. 당시 육로를 이용하여 북으로 가려면 〈자유로〉를 타고, 〈자유의 다리〉를 건너, 〈자유의 마을〉을 지나고, 판문점에 있는 〈자유의 집〉을 통해 군사분계선을 넘어 가야 했지만, 객관적 세계질서의 호기에도 불구하고 남측은 자유민주주의를 기반으로 한 1국 1체제를 고수하는 현실 속에서 더 이상 북으로 올라가지 못하고 막혀 있었던 것이다.

통일에 대한 이러한 관점과 시각은 그 뒤 김영삼정부에서도 계속되어 남북 간의 협상은 단절되고 만다. 대신 우리 한반도가 맞이한 것은 1차 북핵위기이며 이러한 위기 속에서 1994년에는 6·25이래 최대의 군사적 위기라는 먹구름이 드리우게 되었던 것이다.

<1994년 한반도 전쟁위기와 김일성주석 사망사건>

1차 북핵위기로 북미대립 속에서 1994년 중반 미국 클린턴 대통령은 북과의 전쟁을 위하여 선전포고를 앞두고 전 세계 미군 지휘관들을 백악관으로 소집하였다. 하지만 한반도에서의 전쟁은 한반도는 물론이고 미국에게 있어서도 피할 수 없는 재앙이라며 이를 막기 위해 카터 전 대통령이 1994년 6월 직접 평양으로 가서 김일성 주석과 만나 협상을 하였다. 당시 미국은 1994년 5월 18~19일 양일간 북미전쟁시 발생하는 후과를 조사해 본 결과 전쟁 발발 3개월이 지나면 미군 5만 2천명, 한국군 49만 명이 희생되고 610억 불의 전비가 요구된다는 결과가 나왔다. 여기서 민간인 희생자를 합하면 그야말로 대 재앙일 것임을 추측하는 것은 어렵지 않다.

이렇게 급박하게 전개되고 있었던 클린턴 대통령의 백악관 회의는 다행히도 평양으로부터 걸려온 카터 전 대통령의 전화로 인하여 선전포고 수 시간을 앞두고 극적으로 전쟁 발생을 피하게 되었다. 카터 전 대통령으로부터 평양에서 백악관으로 전화가 온 바로 그 시간에도 백악관에서는 클린턴 대통령주재로 부통령, 국무장관, 국방장관, 합창의장, CIA 국장 등이 모여 회의를 하고 있었으며, 여기서 이미 유엔안보리 대북제재 추진을 최종 결정한 상태였고, 한반도 주변 미군병력배치를 논의하고 있었다. 또 샐리카 쉬빌리 합참의장은 북미전쟁 개시를 위하여 미국 내 예비군을 소집해야 할 필요성을 클린턴 대통령에게 보고하였다고 한다.

한편 주한 미군 및 대사관 직원들의 가족은 모두 미국으로 대피된 상황이었고, 이러한 정보를 알고 있었던 국내의 소수 상층인사들을 중심으로 이미 강남에서는 전쟁을 대비한 사재기가 일어나고 있었던 것이다. 이러한 위급한 당시 한반도 상황에 대하여 한반도 담당 미국 기자였던 오버도퍼는 자신의 저서에서 당시 1994년 6월 16일 레이니 주한 미 대사와 럭 사령관이 미국인을 소개(疏開)하기로 협의한 직후 레이니 대사가 한국에 와 있던 자기 딸과 손자, 손녀에게 사흘 뒤인 "일요일까지 한국을 떠나라"고 지시하였다고 쓰고 있다.

이처럼 당시는 그야말로 선전포고를 앞두고 초읽기에 들어갔던 것이다. 우리 같은 일반 서민들은 그러한 사실도 모른 채 그저 하루하루 벌어먹고 살기 바빴을 뿐인 바로 그런 시점에 이 땅에는 전쟁의 먹구름이 크게 드리워졌다 사라진 것이었다. 그것도 우리의 힘에 의해서 전쟁을 피한 것이 아니라 우리는 소외된 채 북미 양자의 협상으로 그러한 결정이 있었던 것이다. 전쟁 위기를 모면했으니 좋아해야 할 일이지만 전쟁의 준비는 물론 전쟁의 저지도 모두 우리의 결정권에서 벗어나 있었던 것이기에 불안감은 여전히 남아있는 것이다.

어쨌든 당시 김일성-카터 회담에서 영변 핵시설 동결 및 경수로 건설과 중유제공 등이 합의되었고, 그 이외에 카터 전 대통령에 의해 주선된 남북정상회담이 1994년 7월 25~28일로 예정되었다. 이로써 새로운 남북관계의 전기를 이룰 수 있는 기회가 생겼던 것이다. 하지만 정상회담은 아쉽게도 개최 날을 불과 10여 일 남겨둔 1994년 7월 8일 새벽 2시에 김일성 주석이 사망함으로써 성사되지 못하였던 것이다.

회담약속이 정해진 상대방의 사망 소식을 접하고 당시 김영삼정부가 제일 먼저 한 것은 북에 대한 조문단 파견이 아니라 전군 비상경계령이었으며 '사회주의에 대한 자유주의의 승리'를 외쳤다. 그리고 더 이상의 남북관계진전을 위한 정책의 추진은 없었던 것이다. 한편 미국은 김일성 주석의 사망에도 불구하고 그동안의 핵 협상을 지속적으로 전개하여 그해 10월 북미 제네바합의를 이루어 낸 것이 우리 정부와 대조적이다.

북은 김일성 주석의 사망과 연이은 자연재해로 인하여 그동안 소련 및 동구사회주의 권이 붕괴되면서 고립된 속에서 힘겹게 버텨오던 자신의 허리띠를 더욱 졸라매며 '고난의 행군'을 하였던 것이다. 참고로 고난의 행군시기를 배경으로 한 북의 예술영화 〈자강도사람들〉에는 영화임에도 불구하고 굶주려 쓰러지는 인민들의 모습과 그 속에서도 자주성을 지키고자 견결히 맹세하고 힘을 모아 전력생산에 헌신하는 모습을 현실감 있게 다루고 있는 것을 보아 그 고난의 행군시기가 얼마나 참혹하고 힘들었던가를 느낄 수 있다.

그러나 이러한 남북대립의 시기도 김대중정부에 이르러 변화하기 시작했다. 김대중정부의 공식적인 통일방안은 노태우정부 시절의 한민족공동체통일방안을 그대로 고수하지만 그것을 실현하는 구체적 방법으로 햇볕정책이 표방되면서 그 한계에도 불구하고 남북관계는 새롭게 변화된다. 그리하여 김대중정부 시절인 당시 1998년 6월 16일 정주영 명예회장이 500마리 소떼를 이끌고 북으로 넘어 갔듯이, 이제 우리는 〈통일로〉를 타고, 〈통일대교〉를 건너, 〈통일촌〉을 지나, 판문점 〈통일각〉을 통해 북으로 넘어간다. 평화와 통일을 위하여 남측의 소떼들이 북으로 넘어간 날 이후로는 〈자유로〉를 타고 북으로 가도 〈자유의 다리〉가 아닌 〈통일대교〉를 건널 수밖에 없다. 〈자유의 다리〉를 통한 출입이 폐쇄된 것이다.

이렇듯이 우리의 통일이념도 새롭게 바뀌어야 하고 또 이제는 자유로라는 길의 이름도 바뀌는 것이 좋지 않을까 생각해 본다. 통일을 지향하는 의미로, 그것도 어느 한쪽에 의해서 주도적으로 진행되는 '주종'의 의미가 아닌, 남과 북 모두가 함께 이루어야 한다는 '대단결'의 의미가 들어가는 것이었으면 좋겠다. '민족로', '대동로', '하나로' 뭐 이런 것이

어떨까 생각해 보며, 통일의 길을 함께 가자며 노래한 시인 김남주의 시를 되새겨본다. 이제 다음 기행지인 〈통일동산〉의 오두산 정상에 우뚝 솟아있는 〈통일전망대〉로 떠나 보자.

〈함께가자 우리 이 길을〉-김남주

함께가자 우리 이 길을
셋이라면 더욱 좋고 둘이라도 함께 가자
앞서가며 나중에 오란 말일랑 하지 말자
뒤에 남아 먼저 가란 말일랑 하지 말자
둘이면 둘 셋이면 셋 어깨동무하고 가자
투쟁 속에 동지 모아 손을 맞잡고 가자
열이면 열 천이면 천 생사를 같이하자
둘이라도 떨어져서 가지 말자

가로질러 들판 산이라면 어기여차 넘어 주고,
사나운 파도 바다라면 어기여차 건너 주자
고개 너머 마을에서 목마르면 쉬었다 가자
서산 낙일 해 떨어진다 어서 가자 이 길을
해 떨어져 어두운 길

네가 넘어지면 내가 가서 일으켜 주고,
내가 넘어지면 네가 와서 일으켜 주고,
산 넘고 물 건너 언젠가는 가야할 길 시련의 길 하얀 길
가로질러 들판 누군가는 이르러야 할 길
해방의 길 통일의 길 가시밭길 하얀 길

가다 못 가면 쉬었다 가자
아픈 다리 서로 기대며

(4) 정전협정의 해방구, 〈한강하구〉

자유로휴게소에서 이곳 〈통일동산〉에 위치한 〈통일전망대〉까지는 자동차전용도로인 자유로 덕분에 약 10분 정도밖에 걸리지 않았다. 오두산 정상에 위치한 통일전망대 주차장이 만차가 되었을 때를 제외하고는 차량을 이용하여 오두산 정상까지 오를 수 있다. 전망대 주차장이 꽉 차서 자가용 출입이 통제될 시에는 아래 자동차극장과 함께 있는 통일동산주차장에 주차를 하고 셔틀버스를 이용하여 오를 수도 있다. 또 이렇게 차량을 이용하지 않아도 걸어서 오를 수 있도록 산책로도 마련되어 있으므로 시간에 쫓기지 않는다면 걸어서 오두산 정상에 오르는 것도 참 좋다. 소요시간은 약 15분 정도인데 조용한 길을 걸으며 백제 관미성이 존재하였던 것으로 알려지고 있는 오두산 주변의 풍경을 감상하는 것도 참 좋기 때문이다.

오두산 정상에 올라와 매표소에서 입장료 2,500원을 내고 오두산 통일전망대 맨 위층에 오르면 일단 끝없이 넓게 펼쳐진 한강하구가 우리의 시선을 사로잡는다. 248km 군사분계선을 따라 여러 통일전망대가 있지만 그 가운데 가장 아름다운 경치를 볼 수 있는 곳이다.

먼저 정전협정문에 '한강하구'라고 표현되어진 곳은 비무장지대가 끝나는 파주시 장단면의 사천강 하류와 문산 곡릉천으로부터 강화의 끝섬인 말도까지이다. 하지만 본래 이 부분에 대한 우리의 지명은 한강하구가 아니라 조상 조(祖)를 써서 '조강(祖江)'이라고 불렸다. 이러한 본래부터 존재했던 명칭이 정전협정 문안작성과정에서 '한강하구'로 표기되고, 또 정전협정 이후로 이곳은 군사시설화되어 이용이 제한되면서 그 표현마저 한강하구로 굳어진 것이다. 이러한 이유로 일반인들에게 '조강'이란 표현은 낯설게 느껴질 것이기 때문이 여기서도 일반적으로 사용되어지는 '한강하구'라는 표현에 따르기로 하였다.

▲ 오두산 통일전망대에서 바라본 한강하구. 좌로는 남녘의 김포반도이며 우로는 북녘의 개성시 외곽지역(구 황해도 개풍군)이다. 여기서부터 서해로 빠지는 강화군 말도까지를 본래 한강하구가 아닌 '조강(祖江)'이라고 불렸다.

남쪽에서 흘러내려온 한강과 북쪽에서 흘러내려온 임진강이 말없이 서로 섞이어 드넓은 서해로 빠져 나가고, 양옆으로 남녘 땅 김포반도와 북녘 땅 개풍군이 조용히 서로 마주보고 있다. 육안으로도 남북 양측의 민가들을 볼 수 있는 곳이다. 한강하구에서 보여지는 그 평온함은 정전협정이란 무시무시한 것과는 전혀 어울리지 않는 풍경이다.

한편 이곳 오두산 통일전망대의 행정 소재지는 파주시 탄현면으로 자유로휴게소가 있는 교하읍에 북쪽으로 붙어 있는 곳이다. 오두산 통일전망대에서 한강하구를 내려다보는 순간 이곳이야말로 한강과 임진강이 만나는 교하(交河)라는 생각이 들었다. 그러니까 한강과 임진강이 만나는 곳은 이곳 오두산 통일전망대가 정확한 교차점이며 이곳에서 두 물줄기는 하나가 되어 서해로 빠져나가는 것이다.

전망대에서 바라보면 북동쪽으로 파주시 장단면 정동리쯤의 임진강에서 끝나는 철책선이 육안으로 보인다. 바로 이 철책선이 남방한계선의 서쪽 끝인 것이다. 따라서 여기서 더 이상 서쪽으로는 군사분계선이나 남방한계선이 없다. 정전협정문에서 군사분계선을 표시한 첨부지도를 보면 군사분계선은 파주시 장단면 정동리까지만 그어져 있기 때문이다.(사진참조)

하지만 내가 초중고 시절 보고 배웠던 사회과부도에는 분명 휴전선이 서쪽으로 육지에서 그친 것이 아니라 바다 위에도 그려져 백령도까지 이어져 있었다. 이러한 그릇된 지식이 서해 북방한계선(NLL)으로 이어져 지금 남북 간 갈등의 요소로 작용하고 있을 뿐만 아니라 남남갈등으로도 작용하고 있는 것이다. 이런 그릇된 정보는 아직도 우리 사회에 널리 남아있다. 얼마 전(2007.7.27) 중앙일간지에 한강하구에 관한 기사와 함께 그려진 지도(사진참조)에서도 그대로 보여지고 있기 때문이다. 그런데 하필 그 잘못된 지도가 실리게 된 날은 다름 아닌 정전협정 체결날짜와 같았던 것이어서 이 신문기사를 본 나는 가슴이 착잡했다.

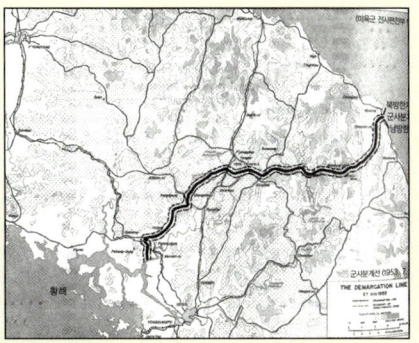

▲ 왼쪽은 한겨레신문 2007년 7월 27일자 개성공단관련 기사가운데 첨부된 안내 지도로 군사분계선이 육지에서 끝나는 것이 아니라 한강하구를 이어 서해로 이어지고 있다. 한편 정전협정문에 첨부된 지도(오른쪽)에서는 군사분계선이 동해안 고흥에서 시작하여 서쪽 끝은 파주시 장단이다. 즉, 한강하구 및 서해에는 군사분계선이 없다.

    이번 기회에 군사분계선이 결정되었던 당시의 정전협정 합의과정에 대하여 학습해 보기로 하였다. 북은 당시 유엔군에 대하여 해군력이 압도적으로 열악했다. 따라서 유엔군의 해안봉쇄에 대응할 필요성과 반공유격대의 활동을 통제하기 위하여 군사분계선을 육지뿐 아니라 바다에도 설정해야 한다고 정전회담에서 주장하였지만 유엔군은 육지에 대해서만 군사분계선과 비무장지대를 설정하자고 대응하였다. 이런 양측 간 군사분계선 확정문제가 대립되다 결국 1952년 2월 서해 5도의 유엔군 관리를 승인함으로써 해상분계선 문제는 설정하지 않는 것으로 일단락되었다.

    따라서 한강하구에 유일하게 존재하는 선은 군사분계선이 아니라 옛 경기도와 황해도의 경계선(강화 우도와 황해도 예성강)만이 존재하는 것이다. 하지만 얼마 전까지만 하여도 오두산 통일전망대 3층 전망실 내부에 만들어진 축소지형판에는 군사분계선이 육지에서 끝나는 것이 아니라 한강 위에도 그려져 관람객들에게 그릇된 정보를 주고 있었던 것이다. 최근 들어 이러한 잘못된 표시가 지적되면서 이제는 그 거짓 휴전선이 지워지고 '중립지역(공동관리구역)' 이라고 올바르게 표시되어 있다.

▲ 2007년 9월 이후 축소지형도에는 군사분계선이 지워지고 한강하구는 '중립지역(공동관리구역)'이라고 표기되어 있다. 이전에는 사진 속의 〈중립지역〉이 〈군사분계선〉으로 표시되고 있었고 임진강 위로는 붉은 색 실선이 그어져 있었다.

해상에 군사분계선을 설정하지 않기로 한 북과 유엔사는 한강하구에 대해서는 일종의 '남북민간공동수역' 처럼 이용하기로 합의하였던 것이다.

"한강 하구의 수역으로서 그 한쪽 강안이 일방의 통제하에 있고 그 다른 한쪽 강안이 다른 일방의 통제하에 있는 곳은 쌍방의 민용선박의 항행에 이를 개방한다. 첨부한 지도에 표시한 부분의 한강하구의 항행규칙은 군사정전위원회가 이를 규정한다. 각방 민용선박이 항행함에 있어서 자기 측의 군사 통제하에 있는 육지에 배를 대는 것은 제한받지 않는다." (정전협정 1조 5항).

위의 정전협정의 합의사항처럼 한강하구는 "쌍방의 민용선박의 항행에 이를 개방"하게 되어 있는 것이다. 이러한 이유로 강화 말도에 있는 군사정전위가 제공한 '평화호'라는 배가 조류에 밀려 북으로 가끔 들어가도 정전협정 위반이 성립되지 않고 북으로부터 특별히 문제가 제기되지 않는 것은 이처럼 정전협정상 보장된 것이기 때문이다. 또한 여기서 "민용선박"에 대해서만 언급하고 있지만, 1953년 10월 3일 군사정전위 제22차 본회의에서 합의된 정전협정 후속합의서 즉 〈한강하구에서의 민용선박 항행에 관한 규칙 및 관계사항〉 4항에서는 '민간인'으로 그 대상을 확대해 주고 있다.

이러한 정전협정의 민간인에 대한 허용에도 불구하고 한강하구는 우리에게 지난 반세기가 넘도록 금단의 땅으로 존재하여 왔다. 이처럼 한강하구가 50년 이상 군사시설화 되어 함부로 드나들 수 없었던 곳으로 있다가 바로 정전협정의 틈새를 비집고 우리들에게 정전협정의 해방구로 그 첫 모습을 드러낸 것은 바로 노태우정부의 '평화시' 제안과 함께 기획된 '자유로' 건설공사 때문이었다. 1991년 이 공사를 위하여 한진해운 소속 바지선이 분단 50년 만에 처음으로 한강하구를 통과함으로써 한강하구는 그 모습을 일반인들에게 드러냈던 것이다. 당시 도로 건설을 위하여 바지선 통과의 필요성을 절감하며 그 가능성을 건설사는 국방부에 의뢰하였고, 다시 국방부는 한미연합사에, 한미연합사는 유엔사에 의뢰하였는데 당시 유엔사 고문관이던 한국계 미국인 제임스 리(이문항)가 정전협정상 민간선박의 통항은 충분히 가능하다고 조언함으로써 이루어진 것이다.

그 뒤 2000년 6월 15일 남북정상회담 직후 민예총, 문화연대 등 예술인들이 중심이 되어 한강하구에서 평화의 배 띄우기를 진행함으로써 한강하구 항행자유에 대한 것을 다시 확인시켰다. 이러한 정전협정의 빈틈을 신속하게 파악한 시민단체들은 '한강하구 평화의 배 띄우기 준비위원회'를 조직하여 2005년 정전협정일을 맞이하여 7월 27일에 '평화의 배 띄우기'를 진행하였고 그 뒤 매년 7월 27일 정전협정 체결 일에 맞추어 이 행사가 진행되고 있다.

여기서 시민 단체가 포착한 정전협정의 빈틈이란 다음과 같다.

정전협정의 주체는 유엔사를 한 측으로 하고 다른 한 측은 북과 중국이었다. 당시 이승만 전 대통령은 계속적인 전쟁을 통하여 북진통일을 주장하며 정전협정을 반대하였고, 또 군사작전권을 미국에게 완전히 이양한 상태였기 때문에 정전협정의 당사자로 참여하지 못하였다. 따라서 군사분계선 남측 비무장지대는 한국군이 아닌 유엔사가 관리주체인 것이다. 만일 군사분계선이 한강하구에도 그려져 있었다면 그것을 따라 남북 각각 2km 비무장지대가 설정되었을 것이고 또 그곳 남측 비무장지대로의 출입은 유엔사의 허가를 받아야 했을 것이지만 한강하구에는 군사분계선이 없으므로 유엔사의 허락을 필요로 하지 않는다는 것이다.

▲ 2005년부터 매년 정전협정 기념일(7월 27일)에 한강하구가 남북민간공동수역임을 알리기 위하여 치러지고 있는 한강하구 평화의 배 띄우기 행사 모습.

당시 유엔사는 '평화의 배 띄우기' 주최 측의 출항 가능여부 의뢰에 대하여 처음에는 "한강하구의 민간선박 항해는 가능하며 이 행사는 '훌륭한(Wonderful)' 계획이다."라고 답변해 주었다. 이러한 유엔사의 답변에 대하여 주최 측이 "한강하구 수역에서는 누구의 어떠한 허가도 받음이 없이 배가 항해하는 것이 보장되어 있습니다. 정전협정상 유엔사는 우리의 항행에 대한 허가권을 가지고 있는 것은 아닙니다."라고 성명서를 발표하자 이에 당황하여 다시 이를 제지하며 "정전협정에 대한 해석은 오직 유엔사만이 할 수 있으며 어느 누구도 임의로 할 수 없다."고 주장하였다. 그 근거로 정전협정 후속합의서의 문구인 "항해하려는 선박의 등록절차를 정할 수 있다."는 것을 제시하였다.

하지만 여기에 '허가'한다는 말은 없으며, 항해에 대한 허가는 정전협정 5항에 의해 이미 쌍방이 합의한 사항이며, 항행규칙은 이 합의사항에 대한 후속합의서로서 단지 실행규칙을 정하고 있을 뿐이다. 즉 현재 유엔사는 등록절차라는 것으로 허가권을 행사하려 하고 있는 것이다. 하지만 그것은 신고 절차일 뿐 허가사항이라고 볼 수 없다. 더구나 민간인은 선박이 아닌 모든 것(예: 다리를 놓는 것, 뗏목 등으로 항행하는 것 등)에 대한 권리를 가질 수 있다. 따라서 이러한 경우에는 선박등록절차규정이 무용지물이므로 유엔사의 관리권은 지극히 제한적이다. 이처럼 정전협정 합의문의 틈새를 발견하고 현재 통일운동 단체들은 매년 7월 27일 정전협정일에 맞추어 평화의 배 띄우기 행사를 진행하고 있다.

그리고 한강하구에 대한 규정을 문헌상 드러내고 있는 정전협정 후속합의서에 의하면 상대방의 육지로부터 100미터 안으로 진입할 수 없다고 되어 있다. 하지만 그것은 이곳 한강하구의 자연조건을 잘 모르고 책상에서 결정된 합의사항이라 그런 것이고, 현실은 이 조항이 지켜질 수 없게 되어 있는 자연조건이다. 왜냐하면 한강하구는 조수간만의 차가 무척 심한 곳으로 물이 빠질 때에는 북쪽으로 지극히 좁게 강물이 흐를 뿐이며 거의 대부분이 배가 지나갈 수 없을 정도로 수심이 낮거나 심지어 모래톱까지 들어나서 배가 지나갈 수 있는 곳은 한강하구 북쪽 기슭이다. 따라서 어쩔 수 없이 북측의 육지 100미터 안으로 지나칠 수밖에 없는 환경인 것이다.

이러한 자연 환경과 정전협정 후속합의서의 규정을 잘 이용하면 남과 북이 정전협정을 위반하지 않음으로써 유엔사의 간섭을 배제하고도 쉽게 만날 수 있는 것이라는 상상이 가능하다. 먼저 간조시기에 물이 빠지면 한강하구는 수면이 낮아져 일부에서는 강바닥이 드러나게 되는데 이곳은 모두 정전협정 후속합의서가 가지 못하도록 하는 '상대방 육지로부터 100미터'를 벗어난 위치이다. 따라서 이곳에서 남과 북의 민간인들이 만나서 대동놀이를 하며 크게 춤판을 벌이고 놀아도 정전협정 위반이 아닌 것이다. 이러한 해석이 가능하다면 이제 남은 것은 유엔사가 아닌 남과 북의 결단일 것이다. 이처럼 정전협정을 위반하지 않으면서도 유엔사의 개입을 합법적으로 벗어날 수 있는 공간이 이곳 한강하구에는 가능한 것이다. 그야말로 이곳 한강하구는 남과 북의 통일운동을 옥죄였던 정전협정으로부터 자유로울 수 있는 해방구인 것이다.

한편, 정전협정상 군사분계선은 육지에만 설정되어 있다는 사실은 우리에게 또 다른 문제점을 제기할 수 있게 해 준다. 그것은 다름 아닌 김포, 강화 일대에 존재하고 있는 민간인통제선에 대한 위법성이다. '민간인 통제선'이란 군사시설보호법 제2조 3항에 의하여 "고도의 군사활동 보장이 요구되는 군사분계선에 인접한 지역에서 군 작전상 민간인의 출입을 통제하기 위하여 국방부장관이 분사분계선의 남방에 설정하는 선"으로 정의되며, 그 범위를 "군사분계선의 남방 10킬로미터의 범위 안에서 설정할 수 있다."고 한다.

하지만 군사분계선의 끝은 파주시 장단이고 저 멀리 보이는 김포, 강화까지는 수십 킬로미터에 이르는 곳이다. 따라서 이는 명백한 위법행위이며, 또한 이러한 군사시설보호법의 그릇된 적용으로 인하여 정전협정 이전부터 유지되어 온 민간의 자유로운 어로활동이 저지되고 있는 것이다. 이는 정전협정 후속합의서인 〈한강하구에서의 민용선박 항행에 관한 규칙 및 관계사항〉 6번째에 있는 "민간에게 오랫동안 관습적으로 사용하여 온 한강하구 수역 내에 성문화되지 않은 항행 규칙과 습관은 정전협정의 각 항 규정과 본 규칙에 저촉되는 것을 제외하고는 쌍방 선박이 이를 존중한다"는 것에 정면으로 위배되고 있는 것이다. 후속합의서의 이 조항은 남북 쌍방이 오랫동안 한강하구를 이용하던 관습을 그대로 인정한다는 것이다. 따라서 현재 민통선 해제가 군사시설보호법의 개정을 통하여 그 범위를 줄이면서 해제되고 있는데, 해상에는 군사분계선이 없기 때문에 김포, 강화 등은 애당초 민통선의 적용대상이 아닌 것이다.

이제 우리는 앞서 살펴본 것처럼 정전협정에 언급된 군사분계선에 대하여 명확히 알게 되었고 또 그동안 군사분계선에 대한 오해에서 비롯된 민통선 설정의 오류에 대해서도 이곳 오두산 통일전망대에서 눈으로 직접 군사분계선을 확인하면서 간단히 살펴보았다. 따라서 이제부터 평화협정이 체결되기 전이라도 정전협정의 틈새를 이용하여 한강하구에 남과 북의 민간인들이 서로 함께 통일의 꿈을 그리며 다닐 수 있도록 해야 한다. 또 불법적으로 설치된 강화, 김포의 민통선도 해제하여 국민의 기본권이 제대로 향유될 수 있도록 해야 한다. 이 자체가 커다란 평화운동이요, 통일운동이 될 것이다. 그저 이곳 빼어난 한강하구의 경치를 바라보며 막연한 통일희망을 키우는 것도 중요하지만 현실 속에서 우리가 조금씩 통일로 나아갈 수 있도록 제반의 제도적 조치들을 개혁해 나가는 것이 중요하겠다는 생각을 하며 이곳 통일전망대의 기타 전시실 및 조형물들을 둘러보았다.

〈군사분계선, 남방한계선, 민통선 등 각종 경계선〉

　우리가 통일기행을 떠나면서 안내자의 설명이나 혹은 표지판 등에서 여러 경계선의 이름을 접하게 된다. 특히 서해상에서의 경계선은 육지에서의 경계선보다 훨씬 복잡하게 설정되어 있다. 해상에서의 경계선은 정전협정에서 일체 합의된 것이 없다. 제2차 정상회담을 계기로 특히 주목을 받고 있는 서해상의 북방한계선 역시 마찬가지로 정전협정 때 합의한 경계선이 아니라 유엔사의 일방적인 내부 작전선에 불과한 것이며, 물리력에 의한 일방적인 경계선으로 존재하는 것일 뿐이다. 그러하기에 서해의 북방한계선은 법적 구속력이 없고, 또 그러한 이유로 지난 과거 두 번에 걸친 서해교전이 발생했고 그 속에서 남북 젊은이들의 목숨을 잃었던 것이다. 하지만 여기서는 육지에 대한 기행이므로 해상에서의 경계선은 다음 기회로 미루고 우리가 육지에서 흔히 볼 수 있는 경계선들을 중심으로 간단히 설명함으로써 통일기행에 좀 더 도움을 주고자 한다.

① 군사분계선

군사분계선은 동쪽으로 강원도 고성군 명호리에서 서쪽으로 경기도 파주시 장단면 정동리까지 248km에 걸쳐 있으며, 이곳은 철책선으로 나뉘어져 있는 것이 아니라 약 200미터마다 군사분계선임을 나타내는 나무기둥이 총 1292개가 박혀있을 뿐이며, 여기 표지판에는 한글로 '군사분계선'과 영어로 'Military Demarcation Line'이 함께 쓰여져 있다.

▲ 공동경비구역 돌아오지 않는 다리와 그 입구 좌측에 설치된 군사분계선 표지판.

② 비무장지대

군사분계선으로부터 남북 각 2km씩 설정되어 있으며 정전협정 체결 당시 비무장지대의 총 면적은 248km×4km=992.0km²(약 3억 평)이었지만 남북 각각의 철책선 일부가 군사분계선 쪽으로 옮기어져 현재는 총면적이 907.3km²로 한반도 전체 면적의 0.41%에 해당한다. 군사분계선이 북쪽으로 이동된 예는 민간인들도 쉽게 알 수 있는 것이 도라전망대 및 제3땅굴 관광지이다. 이들 모두 비무장지대 내부에 존재하는 것이지만 철책선을 북쪽으로 밀어 올리고 관광지로 개방한 것이다.

③ 남방한계선

군사분계선으로부터 남측지역 비무장지대와 일반지역을 구분하기 위하여 존재하는 철책선으로 우리가 흔히 텔레비전 속에서 군인들이 휴전선을 지키며 경계근무를 서고 있는 모습은 바로 이 남방한계선이다. 특히 서쪽의 남방한계선은 임진강 하구인 파주시 장단면에서 끝나므로 자유로를 통해 지나가다 보면 오두산 통일전망대를 지나 낙하IC 직전에서 임진강 건너 설치된 철책선(남방한계선)을 쉽게 볼 수 있다. 이곳부터 서쪽으로는 비무장 지대가 설정되어 있지 않기 때문에 쉽게 볼 수 있는 것이다. 참고로 간첩침투를 쉽게 확인하기 위하여 남방한계선을 중심으로 양쪽으로 각각 5미터씩 풀들을 깎아내어 맨땅이 드러나게 하였다. 이는 전체 남방한계선 248km을 따라 만들어져 있으므로 하늘에서 내려다 보면 한반도에 황토색 허리띠가 그려져 있는 것이다. 이는 위성사진으로도 쉽게 확인할 수 있다. 뿐만 아니라 이 남방한계선을 따라 높이 약 5~10미터 정도의 콘크리트로 탱크방벽이 설치되어 있다.

④ 민통선

민통선이란 "고도의 군사활동보장이 요구되는 군사분계선에 인접한 지역으로 군 작전상 민간인의 출입을 통제하기 위하여 국방부장관이 군사시설보호구역 내 군사분계선 남방 10km의 범위 안에서 설정한 선"을 말한다(군사시설보호법 제2조 제3호와 제4조 제1항 및 제3항).

본래 민통선은 1954년 2월 미 육군 제8군단 사령관의 직권으로 '귀농선'으로 설정된 것으로 이후 1958년 6월 한국군이 휴전선에 대한 방어임무를 담당하게 되면서 귀농선의 이북지역에 대해서도 군사작전과 보안유지에 지장이 없는 범위에서 출입영농과 입중영농을 허용하게 되었다. 그 명칭도 귀농선에서 '민통선'으로 개칭된 것이다. 이렇게 관리되어 오던 민통선은 1972년 군사시설보호법에 의해 법률에 의한 군사적인 개념으로 명확히 규정되었다(군사시설보호법 제2조 제3항).

참고로 북은 정전협정에서 규정한 비무장지대의 설정과 이를 경계짓는 북방한계선 외에 따로 민통선 같은 제한 구역을 설정하지 않고 있다. 따라서 북은 비무장지대의 끝인 북방한계선을 따라 민간인들이 인민군과 함께 거주하고 있다. 이들 일반인민들의 삶의 모습은 최전방에 배치된 인민군들이 나오는 거의 모든 북쪽 예술영화에서 간접적으로 볼 수 있다(예:〈생의 흔적〉, 〈그는 대좌였다〉 등).

⑤ 접경지역경계

민통선 이남의 시·군의 관할구역에 속하는 지역으로서 민통선으로부터 거리 및 지리적 여건·개발 정도 등을 기준으로 하여 대통령령이 정하는 지역을 말한다. 하지만 민통선과 비무장지대 등이 군사상의 목적과 필요에 의해 구분지어 오던 지역이라면, 접경지역은 군사활동상의 규제에 의해 개발과 발전이 저해되고 있다는 인식 아래 종합적인 개발을 목표로 지정된 지역이다. 따라서 경제적이고 행정적인 목적과 필요에 의하여 구분되는 지역이다.

(5) 민족주의자 〈고당 조만식〉의 자리

앞서 자유로의 작명 배경을 알아보면서 우리는 통일동산 역시 노태우 정부의 '한민족공동체통일방안'이라는 통일정책의 구체화에서 나온 것이라는 것을 알 수 있었다. 즉 평화시-자유로-통일동산 모두가 국가연합을 전제로 한 통일방안과 서로 연관되어 있으며, 이는 당시 소련 및 동구 사회주의가 붕괴되고 고립된 북에 대하여 경제성장을 배경으로 공격적으로 전개된 북방정책의 일환이었던 것이다. 그리고 이러한 통일방안은 역사발전의 주체세력인 '민족'을 중심으로 설계된 것이 아니라 거대한 생산력을 배경으로 한 자유민주주의라는 '체제'를 앞세운 통일정책이었다. 따라서 사회주의를 고수하고 있는 북에 대한 고려보다는 자본주의의 생산력을 앞세운 일방적 통일정책이었던 것이다.

위와 같은 관점을 전제로 하여 소련 및 동구 사회주의권 붕괴로 인한 고립된 북과 경제성장을 배경으로 한 남측의 국가연합제 통일방안 속에서 기획된 또 하나의 상징적 장치가 통일전망대 앞마당에 우뚝 서있는 〈고당 조만식〉의 동상이다.

즉 이곳에 고당 조만식의 동상이 서있는 것은 이곳에 오기 위해 이용한 자유로의

▲ 오두산 통일전망대 앞마당에 서있는 고당 조만식 동상. 생전에 반공을 외친 적이 없지만, 단지 '반탁'을 주장했고 북에서 전쟁 중 사망했다는 이유로 민족주의자 조만식은 철저하게 반공주의자로 채색되어 오두산 통일전망대 앞마당에 동상으로 서있는 것이다.

이념설정과 무관하지 않다. 북쪽 반탁운동의 선봉에 선 민족주의자, 그로 인한 그의 연금생활, 전쟁의 한가운데 평양에서의 사망(1950.10) 그리고 독실한 기독교신자 등 이러한 몇몇 역사적 사실로 인하여 월남한 반공주의자들에 의한 조만식의 이미지는 지극히 간단하게 조합되어 철저한 반공주의의 상징으로 다시금 채색되어 대중에게 다가서게 만들어진다. '평

민 출신의 조만식 → 숭실학교에 입학하여 독실한 기독교신자로 변신 → 물산장려운동 및 일제 신사참배 거부를 주도한 민족주의자 → 해방 후 반탁운동의 선봉으로 김일성과 대립 → 이로 인한 공산당에 의한 연금생활 → 전쟁 중 사망 → 반공자유투사의 전형'이 바로 조만식에 대한 남쪽 사람들의 인식의 대부분이다.

그럼 여기서 반공주의자로 채색된 조만식에 대하여 좀 더 자세히 알아보도록 하자.

조만식은 부친이 물산객주였던 상인집안의 외아들로 태어나, 15세에 서당을 그만두고 22세에 평양 종로거리에서 포목점과 지물포를 경영하면서 말술에 난봉꾼으로 유명했다. 그러던 조만식이 1904년 러일전쟁을 계기로 만학에 접어들게 된다. 그는 미국 북장로회 선교단이 세운 숭실학교에 입학함으로써 기독교도가 되고 이후 일본으로의 유학을 통해 법학을 공부했으며, 귀국 후 오산학교 교장을 역임하였다. 이후 3·1운동 직후 중국 망명을 시도하다 체포되어 10개월간 옥고를 치르고 조선물산장려회(1921)를 주도함으로써 강력한 민족주의자로서 우뚝 서게 된다. 여기까지는 반공주의자들의 논리나 별반 차이가 없다.

하지만 반공주의자들은 이후 몇 가지 사실들을 생략하고 바로 조만식과 김일성의 대립에 초점을 맞추면서 그를 반공주의의 선봉으로 만들어 버린다. 사실 조만식은 정작 월남자들의 논리처럼 반공을 목놓아 외친 적이 없다는 것이다. 그는 물산장려운동을 주도하면서도 1927년 좌우합작이었던 신간회 발기인에 참여하고 평양지회장을 역임했다. 또 그의 직계 제자라 할 수 있는 배민수, 유재기 등이 1929년 평양에서 조직한 기독교 농촌 연구회가 기독교 사회주의적인 사상경향을 띠었던 것도 그와 관련 있다. 뿐만 아니라 해방 직후 평남건준위원장으로 추대되고, 소련군이 진

주한 후 평남 인민정치위원회 위원장에 선임되었을 때도 좌우를 망라한 위원회를 구성하는 모범을 보였던 것이었다.

한편 그가 창당한 기독교계의 조선민주당은 소련군정의 허락을 얻어 창당을 준비하였고, 김일성에게도 입당을 권유했을 정도이다. 하지만 내부분열에 휩싸인 북조선분국을 장악해야 한다는 내부방침으로 김일성은 자신이 조선민주당에 참가하지 못하며, 대신 최용건이 참여해 조선민주당의 부당수가 되고, 김책도 서기장 및 편집부장으로 선출된다. 이들 모두 김일성과 함께 만주에서 항일빨찌산 활동을 함께 한 사람들이었다. 하지만 이후 신의주사건과 신탁통치에 대한 찬반대립으로 그들은 결국 갈라선 것이다. 만일 그가 철저한 반공주의자였다면 이처럼 사회주의자들을 조선민주당 끌어드리려고 하지 않았을 것이며 바로 월남했을 것이지만 그는 최후까지 북에서 완전한 통일조국의 건설을 꿈꿨던 것이다.

사상적 측면에서 조만식은 중도 우파에 가까웠다. 당시 평안도 기독교 세력이 미국 북장로회에 주도된 기독교사상이 성서무오설을 중심으로 한 근본주의 신학의 성향이 강했던 탓에 그것에 영향을 크게 받은 조만식은 맑시즘의 유물론과 무신론에는 반대하였다. 하지만 자립적 중산층이 두텁게 형성된 평안도가 정치적으로 차별받아온 역사적 풍토 등으로 인하여 사회주의 사회정책에는 호의적이었다. 평남 인민위 정치위원회에서 시정대강을 작정할 때도 토지개혁 자체를 반대한 보수 우파와 달리 그는 전향적인 입장이었다.

따라서 그가 모스크바 3상회의 결정에 임시민주정부를 먼저 구성한다고 한 데 주목하여 일단 임시정부를 구성하고, 신탁통치 제안서를 작성하는 과정에 '최고 5년'으로 정해진 기간을 없애거나 안되면 최소한으로 줄여 보자는 절충안을 내놓은 남측 중도 우파 인사들과 달리, 그에 완강

한 반대입장을 고수한 것은 납득되지 않는 대목이다. '자라보고 놀란 가슴 솥뚜껑 보고 놀란다'고 아마 신탁문제를 일제하에 제기된 '자치론'과 비슷하게 생각한 것이 아닌가 싶다. '자치론'이 그랬던 것처럼 신탁=독립을 유보하자는 주장으로 받아들이고, 신간회 당시와 마찬가지로 비타협 무저항의 시민불복종 노선을 걸은 것이 아닌가 싶다. 또한 그가 월남을 거부한 것은 북녘 땅의 민중과 생사고락을 함께 하겠다는 의지의 표현이고, 이북 최고 지도자의 유혹을 뿌리친 것은 반쪽짜리 분단 정부에 대한 거부였다.

이렇듯 고당 조만식의 여러 행적 가운데 일부만을 왜곡적으로 편집하여 그를 철저한 반공주의자로 만들고 그를 이곳 통일전망대 앞마당에 반공의 상징으로 우뚝 세워놓은 것이다. 이로써 그를 바라보는 관광객들로 하여금 반북 정서를 확산시키고자 함이 목적인 듯해 보인다. 통일전망대에서 반북 정서를 고양시키는 것이 얼마나 이율배반적인지는 말할 필요가 없을 듯하다. 나의 단견으로는 고당 조만식의 동상을 다른 곳으로 옮기어 반공주의자로서의 조만식이 아니라, 민족주의자로서의 조만식에 대한 올바른 역사적 평가를 해야 옳다고 본다.

그리고 이곳에는 고당 조만식의 동상 대신 효창공원에 있는 백범 김구의 동상을 옮기어, 분단에 결연히 반대하며 남북이 함께 외세를 배격하고 자주 독립국가를 이루려 자신을 버린 그의 사상을 널리 알리는 것이 통일전망대의 취지에 부합한다고 본다.

최근 새롭게 만들어질 10만 원권 지폐인물로 백범 김구의 초상을 넣어 통일시대에 맞게 국민들로 하여금 통일의식을 고취시키기 위하고자 하였듯이 이제는 여기 오두산 통일전망대의 상징물 역시 민족대단결로 나아갈 수 있도록 재조정해 나가야 올바를 것이라고 생각한다. 그리고 그 동상 아래 다음과 같은 백범 김구의 명언이 새겨져 이곳을 찾는 이들이 하나된 조국의 중요성과 그를 위해 자신을 던진 백범 김구를 되새기게 되기를 기대해 본다.

"마음 속의 38선이 무너지고야 땅 위의 38선도 철폐될 수 있다. …… 이 육신을 조국이 수요한다면 당장에라도 제단에 바치겠다. 나는 통일된 조국을 건설하려다가 38선을 베고 쓰러질지언정 일신의 구차한 안일을 취하여 단독정부를 세우는 데는 협력하지 아니하겠다." (백범 김구)

(6) 건립 목적과 현실의 괴리, 〈통일동산〉

▲ 2007년 11월 현재 통일동산의 모습으로 여기 통일동산에서 통일과 관련된 시설은 이 전경을 찍은 위치인 오두산 통일전망대가 유일하다.

오두산 통일전망대에 오를 때는 북녘 땅을 보고자 하는 설레는 마음에 바로 전망대 건물로 들어섰기 때문에 올라오면서 나의 눈은 조금씩 펼쳐지는 북녘 땅으로 향하였고 남쪽의 통일동산은 시야에 안 들어왔다. 하지만 전망대를 빠져 나와 입구로 다시 나오니 눈에 들어오는 것은 통일동산으로 불리는 이곳의 전경이었다. 서울의 빽빽한 빌딩숲과 달리 확 트인 전경에 시야가 시원하게 느껴지는 것은 사실이었지만 나의 얄팍한 지식 때문인가 왠지 이상하다는 생각이 뒤따랐다.

분명 이곳을 우리는 '통일' 동산이라고 지칭하는데 도대체 눈에 보이는 것 가운데 제일 많이 보이는 것은 러브호텔과 음식점들이다. 그리고 지금 내가 서있는 통일동산을 빼고는 통일과 관련된 시설은 거의 없어 보인다. 영어마을, 헤이리 예술마을 그리고 우후죽순 들어서는 러브호텔과 식당 등. 도대체 왜 이런 것일까? 설마 이곳을 기획할 때부터 이렇지는 않았을 터인데 하는 생각에 이곳 통일동산의 목적과 기획 의도 등에 대하여 알아보기로 하였다.

통일동산은 전두환 전 대통령 집권 말기에 기획되었던 것이 폐기되었다가 노태우 대통령이 제43차 유엔총회 특별연설(1988.10.18)에서 밝힌 비무장지대 내 '평화시' 건설 제안, 그리고 그 이듬해에 이를 구체화한 '한민족공동체통일방안' 등과 연동되어 그 후속조치로써 자유로와 함께 기획된 것이었다. 주요목적은 1천만 이산가족의 망향의 한을 달래는 만남의 장소이자 각계각층의 통일의지를 일깨우는 통일교육의 장을 마련하고자 하였다고 한다. 하지만 이러한 본래의 의도는 현실로 되돌아와 볼 때 또다시 전시행정이 되고 말았다.

지난 2000년 바로 옆 일산신도시에서 시민들의 러브호텔 반대운동이 시작되면서 그곳 러브호텔들이 이곳 통일동산으로 대거 옮겨왔고, 본래

계획상 통일전망대 앞 만남의 광장으로 기획된 부지는 현재 축구 국가대표팀 트레이닝센터로 사용되고 있으며, 만남의 광장 옆 대형주차장은 자동차극장으로 바뀌었다. 남북의 상품 판매 구역에는 상품을 파는 곳은 단 한 곳도 없고 식당들만 즐비하게 들어서 있다. 통일관련 서적과 사진 그림을 전시하기로 했던 서화촌 부지는 현재 용도가 바뀌어 헤이리 예술인마을로 둔갑되어 있다. 또 관광 휴양 및 연수시설 부지는 경기 영어마을로 쓰이고 있다.

현재 여의도 면적의 절반이 넘는 규모의 통일동산에 통일관련 시설은 오두산 통일전망대가 유일하다. 하지만 유일한 통일관련 시설인 오두산 통일전망대조차도 그 내부를 돌아보면 전시물과 안내자의 설명 등은 관성적으로 여전히 뿌리깊게 자리잡고 있는 반공교육의 장으로 기능하고 있다. 또한 헤이리 예술마을에서도 그곳에서 가장 많은 사람들이 모여드는 한 어린이 놀이시설 및 상점 앞에는 20세기 냉전의 유물인 "나는 공산당이 싫어요."라고 외치는 반공소년 이승복 어린이의 동상이 그 입구에 서서 21세기 탈냉전 시대의 어린이들을 맞이하고 있는 것이다.

통일동산, 그 목적과 현실이 이처럼 이율배반적인 곳이 또 있을까 싶을 정도

▲ 통일동산 헤이리 예술인마을 5번 출입구에 서있는 반공소년 이승복 어린이 동상.

이다. 어쩌면 이것이 우리 통일정책의 현실일지도 모른다는 생각이 든다. 세상은 변하여 따스한 햇살이 내비치고 들녘에는 진달래와 개나리가 봄을 알리고 있음에도 우리는 아직도 두꺼운 외투에 장갑을 끼고 지난 시절 냉혹했던 찬바람을 걱정하고 있다는 느낌이 들었다.

이제까지 자유로와 통일동산은 노태우 전 대통령의 한민족공동체통일방안과 연동된 하나의 기획 작품이라는 것과 그것이 갖고 있는 문제점들을 살펴보았다. 세상을 살아가는 데 과오와 실수가 없이 모든 일이 잘될 수만은 없을 것이다. 우리의 통일역사도 이러한 과오와 실수를 범하며 조금씩 앞으로 전진해 나아가고 있는 것이라 위안해 본다. 하지만 그러한 과오를 최대한 줄이며 좀 더 빨리 우리 통일의 세계가 열릴 수 있도록 노력해야 할 것이다. 그리고 우리가 삼아야 할 사상적 지표는 우리 통일기행의 출발지였던 김대중도서관에서 되새겼던 자주, 평화, 민족대단결이라는 '조국통일 3대원칙'임을 잊지 말아야 한다.

여기 오두산 통일전망대를 끝으로 한강변을 달려오던 자유로는 이제부터 분단의 강, 통곡의 강으로 불려지는 임진강을 따라 늘어서 있는 것이다. 자 그럼 이제는 우리 통일맞이 나들이의 본격적인 기행을 위해 〈임진각공원〉으로 떠나보자.

3

임진각

임진각

(1) 통일을 꿈꾸는 냉전의 전시장 〈임진각공원〉

탈냉전의 기대, 〈임진각공원〉으로 가는 길

이제 임진각공원으로 이동하기 위하여 통일동산을 빠져 나와 다시 자유로에 올라섰다. 올라서자마자 북쪽으로 1km쯤 가서 우측 작은 야산 위에는 20미터쯤 되어 보이는 철탑이 설치되어 있었다. 이것은 1953년 휴전 이후 2004년 6월 14일 자정까지 지난 시절 북쪽을 향하여 남쪽 사회의 우월함을 자랑하는 대북 선전탑이었다.

앞서 군사분계선을 이야기하며 말했지만 이곳은 군사분계선이 끝나는 곳이기 때문에 비무장지대도 남방한계선도 모두 없는 지역인지라 바로 임진강 건너 북측 인민들이 살고 있는 곳이다. 따라서 이곳은 남측 입장에서 볼 때 대북선전탑이 위치하기에 가장 좋은 곳이다. 북쪽은 남쪽과 달리 민통선이 없는지라 이곳에서의 대북방송 등 선전행위는 바로 개성시 외곽지역(구 황해도 개풍군) 민간인들에게 선전할 수 있는 곳이기 때문이다. 지난 시절 이 선전탑으로부터 남쪽으로 약 2~3km쯤 떨어진 곳에 살았던 나는 당시 집밖으로 나가면 밤마다 이 선전탑에서 들려오는 소리를 들을 수 있었다. 하지만 남북화해의 시대에 접어든 지금은 고철로 되어버린 채 쓸쓸히 산 위에서 북녘 땅을 바라보는 처지가 되어버린 것이다. 이러한 모습들이 하나 둘씩 우리민족이 통일로 나아가는 모습인 것 같아서 임진각으로 가는 길이 즐거워진다.

▲ 자유로 성동IC부근에 위치하여 지난 냉전시기 대북선전에 사용되었던 탑. 남북합의로 2004년 6월 14일부터 일체의 대북·대남방송을 중단하면서 전광판, 스피커 등 그 시설들이 모두 철거된 상태이다.

이곳을 지나 승용차로 약 5분쯤 가니 낙하IC로 빠지는 길에는 LG 디스플레이 공단이란 이정표가 보인다. 세계에서 가장 큰 LCD생산기지인 LG 디스플레이 공단이 협력업체들과 함께 1백만 평 넘는 대지 위에 건설되고 있으며, 이 가운데는 이미 상당부분 완공이 되어 생산에 들어갔다. 철책선을 앞에 두고 이런 거대 산업시설이 들어선다는 것은 6·15공동선언이 있었던 2000년 이전에는 꿈에도 상상 못할 일이었지만 현재는 그러한 현실이 우리 눈 앞에서 펼쳐지고 있는 것이다. 과거 냉전과 분단의 상징이었던 파주시가 탈냉전과 남북화해 속에서 급속도로 발전하면서 이와 더불어 부동산가격 등의 급등으로 몇 해 전부터 부동산투기지역으로 묶여 있을 정도이다.

한편 자유로는 본래 건설 당시 왕복 4차선으로 건설되었는데 그 후 일산신도시가 개발되면서 행주대교부터 이산포IC까지 10차선으로 확장되었고, 또 최근 이곳 LG 디스플레이 공단이 건설되면서 자유로가 시작되는 이산포IC부터 이곳 낙하IC까지는 8차선으로 확장되어 차량 속도감을 맘껏 느낄 수 있었다.

또한 이렇게 확장된 도로 위에는 최근 육로를 이용한 제2차 남북정상회담을 계기로 이곳 자유로 위에 설치된 이정표에서도 직진화살표와 함께 '평양, 개성'이라고 쓰여져 있어 이를 보는 이들로 하여금 통일은 이제 더 이상 막연한 미래가 아닌 현재진행형이라는 현실을 알리고 있다. 낙하IC부터 임진각까지의 얼마 남지 않은 4차선의 길도 어서 확장되어 그 길이 개성-평양 고속도로와 이어지기를 기대해 본다.

▲ 노무현 전 대통령의 육로방북을 앞두고 자유로 위에 새롭게 설치된 개성, 평양 이정표.

냉전의 흔적, 〈임진각공원〉

나는 이렇게 변화하는 현실이 펼쳐지는 자유로를 질주하며 희망을 안고 임진각공원 쪽으로 빠르게 옮겼다. 서울에서 강변북로에 올라 통일동산에 오는데 까지 처음에는 옆으로 한강이 흘렀으나 지금은 임진강이 흐르고 있는 것이었다. 통일동산을 떠나 약 15분 만에 한반도 분단의 상징 임진각에 도착하였다.

먼저 민통선 안쪽으로 들어가기 전에 1년에 300만 명이 넘게 찾아온다는 이곳 임진각공원을 둘러보기로 하였다. 이곳은 일반인들이 누구나 쉽게 올 수 있는 최북단의 땅으로 정부가 국민들의 통일염원을 키우고자 조성한 곳이기 때문에 많은 전시물들이 설치되어 있고 또 통일관련 행사가 가장 많이 치러지고 있는 곳이기도 하다. 자유로에서 임진각공원으로 들어가려면 바로 옆에 있는 임진강 역을 지나쳐야 되는데 임진각공원은 주차장에 승용차 2,000원의 주차요금을 내야 하지만 나는 그것을 좀 아껴볼까 하는 생각에 임진강역 무료주차장에 차를 세웠다. 임진강 역에서 임진각공원까지는 불과 200~300미터 밖에 안 되는 거리이기 때문이다.

차를 세우고 임진각공원으로 발길을 옮기는 데 임진강 역 바로 옆 마당에는 시인 박봉우의 시를 통일혁명당 사건의 장기수 출신인 신영복 교수의 글로 쓰여진 시비가 세워져 있었다. 지난 시절 통일을 염원하기 위한 장소라기보다는 온통 전쟁을 기념하는 장소처럼 되어버려 반공교육의 장으로 이용되고 있는 이곳 임진각공원. 그래서 통일관광지라기보다는 안보관광지로 불려져 왔던 임진각에 있는 유일한 통일 지향적인 전시물이다. 반공 교육장으로 쓰였던 지난 과거를 벗고 이제 임진각공원이 진정 평화와 통일을 염원하는 장소가 되어가는 첫걸음이라고 생각해 본다.

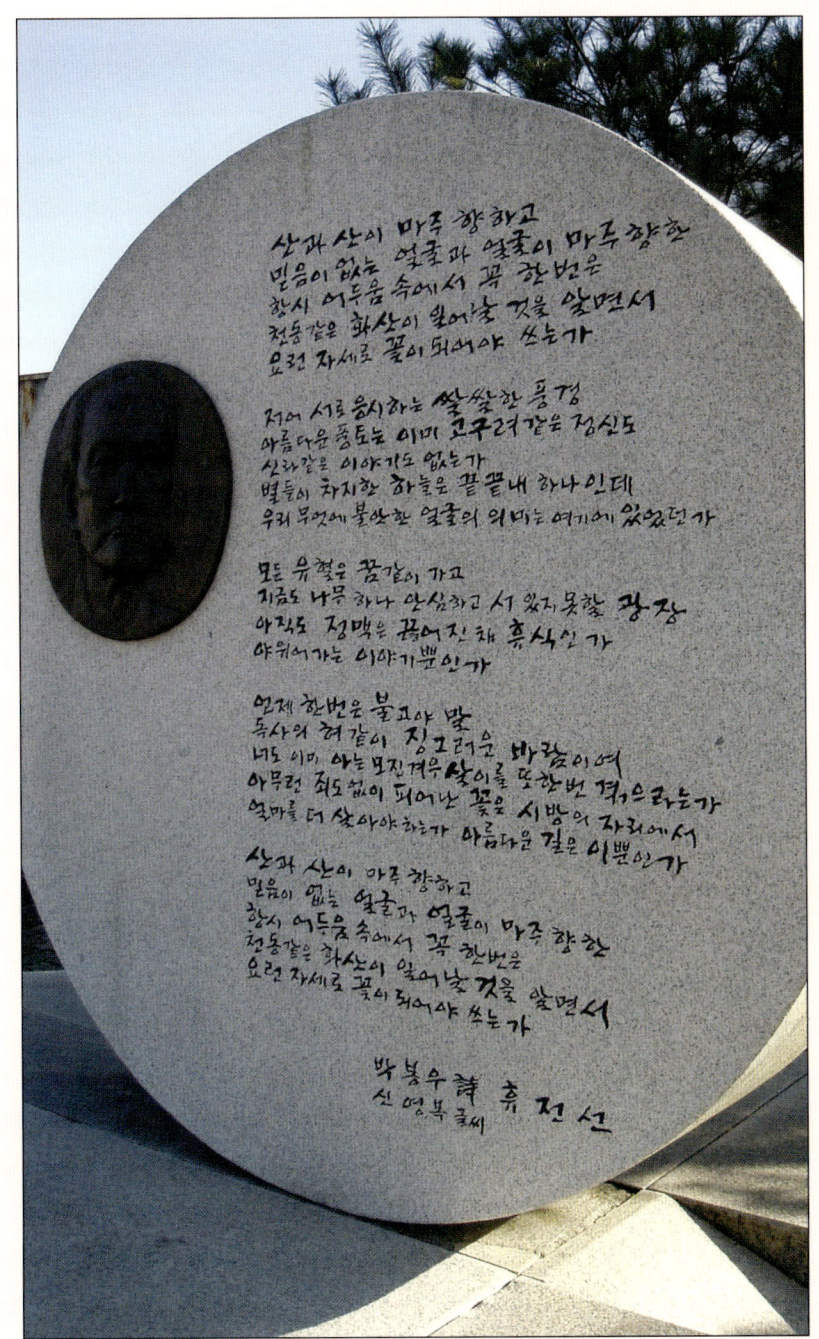

〈휴전선〉 - 박봉우

산과 산이 마주향하고
믿음이 없는 얼굴과 얼굴이 마주향한
항시 어두움 속에서 꼭 한번은
청동같은 화산이 일어날 것을 알면서
요런 자세로 꽃이 되어야 쓰는가
저어 서로 응시하는 쌀쌀한 풍경
아름다운 풍토는 이미 고구려 같은 정신도
신라같은 이야기도 없는가
별들이 차지한 하늘은 끝끝내 하나인데
우리 무엇에 불안한 얼굴의 의미는 여기에 있었던가
모든 유혈은 꿈같이 가고
지금도 나무 하나 안심하고 서 있지 못할 광장
아직도 정맥은 끊어진 채 휴식인가
야위어 가는 이야기 뿐인가
언제 한번은 불고야 말 독사의 혀같이
징그러운 바람이여
너도 이미 아는 모진 겨우살이를 또 한번 겪으라는가
아무런 죄도없이 피어난 꽃은 시방의 자리에서
얼마를 더 살아야 하는가 아름다운 길은 이뿐인가
산과 산이 마주 향하고
믿음없는 얼굴과 얼굴이 마주향한
항시 어두움 속에서 꼭 한번은
천둥같은 화산이 일어날 것을 알면서
요런 자세로 꽃이 되어야 쓰는가

하지만 이처럼 남북 화해의 시대에 따라 변화되어 가고 있는 자유로 일대의 모습과 임진강역에서의 박봉우 시비 등으로 무척 들뜬 기분도 〈임진각공원〉에 들어서는 순간 그 입구부터 다시 경직되기 시작하였다.

박봉우 시비를 지나 임진각공원에서 첫 번째로 보이는 전시물은 왼쪽에 1983년 버마 아웅산테러 희생자 추모비이다. 그리고 그 뒤로는 한국전쟁 당시 사용하였던 전투기들과 탱크, 장갑차 등 장난감 같은 무기들이 전시되어 있었다. 이 무기들은 2차 대전과 한국전쟁 당시에 미군이 쓰던 것들이라고 한다. 전쟁 당시의 전투 차량이라는 지프차와 카고차 앞에 "공산침략으로부터 자유대한을 수호하기 위하여 산과 들을 누비며 병력수송과 작전을 수행하던 역전의 용사가 이제 그 임무를 마치고 여기에 쉬고 있다."고 쓰여져 있다. 자동차를 의인화한 초등학생 수준의 글귀가 왠지 시대에 뒤떨어져 보여서 그런가 고소를 금치 못하게 하였다.

▲ 이산가족의 망향의 한을 달래며 평화통일을 기원하기 위한 목적과 달리 전쟁기념관화 되어버린 임진각. 양 옆의 전투기, 탱크 등은 지난 한국전쟁 당시 쓰였던 것이며, 뒤편 가운데 보이는 기념탑은 1983년 버마 아웅산테러 희생자 위령탑이다.

뿐만 아니라 임진각공원으로 가기 위해서는 그 앞마당의 많은 비석과 석물들을 거쳐야 한다. 미 제2보병사단비, 임진각지구 전적비, 미국군참

전기념비, 김포국제공항 폭발사고 희생자 추모비, 민족정기 현창탑 그리고 '황진이 歌碑'까지. 그런데 민족정기 현창탑이란 것 앞에는 세 여인상이 조악하게 아주 최근에 조성한 듯 세워져 있는데 취지문을 보니 신사임당, 유관순, 이화림(독립운동가)을 기리고 이들의 무궁화정신 확산에 기여한 명승희 대한무궁화중앙회장이 세웠다고 한다. 근데 나는 도대체 명승희란 사람을 잘 모르겠고, 뿐만 아니라 신사임당, 유관순, 이화림이란 3명의 여성이 어떻게 연결되는지 이해가 되지 않는다.

이처럼 이곳 임진각공원에 보여지는 거의 대부분의 것들이 전쟁과 분단에 관련된 것들이고 통일과 관련된 것은 거의 전무한 채 임진각공원 앞마당에는 북쪽을 향해 실향민 망을 위한 망배단이 존재한다. 그 옆에는 '망월의 노래비'라는 석물이 있고 거기에는 설운도의 '잃어버린 30년'이란 노래가 새겨져 있다.

이처럼 여기 임진각공원에서의 통일은 아직도 전쟁 속에 머물러 있고, 남북 화해·협력의 시대에 조응하며 구체적 현실 속에서 만들어지는 것이 아니라 그저 막연한 우리들의 희망 속에서만 존재하게 설계되어 있다. 또한 임진각공원의 이런 전시물들이 놓여진 공간에서 아래 쪽 주차장이 있는 쪽으로는 놀이공원으로 조성되어 있어 바이킹 등 각종 놀이기구가 설치되어 이제는 수도권 시민들의 주말 놀이공간으로서의 기능으로 더 크게 작용하고 있다.

한편 최근 임진각공원 옆에 〈평화누리〉라는 커다란 공원이 새로 생겨서 지난 시절 이념적이었던 임진각공원의 모습을 탈피하고 탈냉전 시대에 조응하는 새로운 공간으로 자리 매김하려 하고 있다. 이곳은 임진각공원과 달리 전쟁기념 전시물들이 설치되어 있지 않고, 넓게 노천극장이 조성되어 있어 공연 등에 주로 이용되고 있다. 이렇게 새롭게 자리 매김하려는 평화누리가 '평화'에 머물러 있지 말고 '통일' 누리가 되기를 기원해 본다.

참고로 나는 2005년 이곳 평화누리라는 공원이 만들어질 당시 '평화통일 기원 기념식수'에 참여해 한 그루의 나무를 심으며 그 나무의 이름표에 아래와 같은 짧은 글을 남겨서 달아 두었습니다. 그리고 나의 글 내용처럼 남과 북이 하나가 되어 나아가기를 기원하였다.

"네 손은 내가 잡고, 내 손은 네가 잡고"

▲ 임진각공원 옆에 새롭게 '평화누리' 공원이 조성되던 2005년 필자가 '평화통일 기원 기념식수'에 참가해 심은 나무와 이름표. 묘목 뒤 언덕을 넘어 평화누리 노천극장이 조성되어 있다.

(2) <트루만 대통령>, 과연 우리의 은인인가?

임진각공원을 둘러볼 때 쉽게 볼 수 있는 지난 냉전시기를 상징하는 온갖 전쟁과 테러에 관한 상징물들이야 지난 냉전시대의 유물이려니 생각하며 지나치는데 유독 눈에 들어오는 것이 있었다. 그것은 다름 아닌 미국 트루만 전 대통령의 동상이었다.

지난 2005년 인천 자유공원에 설립된 맥아더 장군의 동상 철거문제로 우리 사회가 진보와 보수세력의 대립과 갈등으로 상당히 시끄러웠다. 이로써 웬만한 사람이면 우리나라에 미국군 장성 더글라스 맥아더의 동상이 세워져 있다는 것은 알지만, 임진각에 미국 트루만 전 대통령의 동상이 있다는 사실을 아는 사람은 아직 우리 사회에 그리 많지 않다. 맥아더 동상이 이승만정부 때 세운 것이라면, 트루만 전 대통령의 동상은 박정희 정부 때 세운 것이다. 또 트루만 동상의 안내판에는 '헤리 에스 트루만 상' 이라는 글을 박정희 전 대통령이 직접 쓴 것이라고 알려주고 있다.

파주시 통계에 의하면 2006년 한 해 동안 310만 명 넘게 이곳을 찾아 왔는데 그 가운데 31만 명은 외국인이었다. 열 명 가운데 한 명은 외국인 이었던 셈이다. 이곳을 찾은 외국인들이 세계11위 경제대국인 대한민국의 대표적 공원에 미국 대통령 동상이 세워져 있는 모습을 보면 어떻게 생각할까라는 생각이 든다.

미국 대통령과 장군의 동상이 태평양 건너 머나먼 이국 땅에서 그 나라 국민들의 추앙심을 불러일으키고자 그 나라 역사의 현장에 서있는 나라가 우리 말고 또 있을까? 그들이 우리에게 선사했다는 '자유민주주의'는 과연 인류 최고의 '가치' 이며 또 그것이 그들의 희생 속에서 우리에게 주어진 것이기에 우리는 그들을 향해 끊임없이 감사함을 표시해야 하는 것일까? 등 많은 생각이 교차한다.

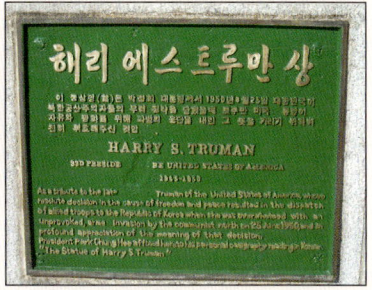

해리 에스 트루만 상
"이 동상명(名)은 박정희 대통령이 1950년 6월 25일 대한민국이 북한 공산주의자들의 무력침략을 당했을 때 트루만 미국대통령이 자유와 평화를 위해 파병의 용단을 내린 그 뜻을 기리기 위하여 친히 휘호해 준 것임"

▲ 임진각에 위치한 미국 트루만 전 대통령 동상으로 박정희정부 시절 세워진 것이며 그 동상명 역시 당시 박정희 대통령의 친필로 쓰여져 있다.

내가 이러한 선입관(?)을 가져서 그런가 왠지 임진각 한복판에 동상으로 서있는 트루만 전 대통령의 자세는 우리민족을 우매하게 생각하며 뭔가 가르치고 지시하는 듯 세워져 있어 그 형상도 마음에 들지 않았다. 이처럼 많은 생각이 교차하는 속에서 그러한 감정을 보다 객관적으로 정리해보고자 나는 다시금 우리의 현대사를 뒤져 보며 1950년 전쟁 당시 미군을 파병하여 우리를 자유의 세계로 구원해 주었다고 반도 남단에서 영웅시 되고 있는 트루만 전 대통령에 대하여 간단히 살펴보았다.

트루만과 한반도신탁통치

트루만은 1940년대 제2차 대전 당시 미국 부통령으로 있다가 루즈벨트 대통령의 사망으로 그 뒤를 잇게 되었다. 루즈벨트 대통령은 한반도에 대한 강대국의 신탁통치를 주장하여 관철시킨 대표적인 인물이다. 루즈벨트는 1943년 3월 이든 영국 외상과 함께 워싱턴 회담에서 만주와 대만은 중국에 반환되어야 하며, 인도차이나(베트남)와 한반도는 신탁통치 아래 놓여야 한다고 하며 그 기간은 40년을 주장하였다. 그리고 같은 해 11월 20일 카이로 회담(루즈벨트, 처칠, 장개석)에서 일본이 탈취한 모든 섬들은 반환해야 하며 만주·대반만·팽호군도를 중국에 돌려주어야 한다고 결의하지만 "한반도는 '적당한 시기'에 해방되고 독립될 것"이라며 즉시 독립을 유보하고 신탁통치를 실시하겠다는 미국의 의도를 재차 확인한다. 그 후 미국은 여러 차례 한반도의 신탁통치를 언급했고, 1945년 2월 8일 미영소 3국 정상회담에서 루즈벨트는 20~30년 정도의 신탁통치를 주장했고, 스탈린은 가능한 빠른 시일 내에 독립시키는 것이 좋겠다며 반대하였다.

이렇게 한반도의 신탁통치가 추진되는 가운데 그것을 기획하고 적극적으로 추진했던 루즈벨트가 1945년 4월 사망하고 당시 부통령이었던 트루만이 그를 승계한다. 하지만 그 뒤 트루만이 참가한 1945년 7월 포츠담회담에서도 카이로 선언을 재확인함으로써 한반도는 '적당한 시기'에, 즉 일정 기간의 신탁통치를 거쳐 독립될 것이라는 점을 명백히 하게 된다.

참 웃기는 일이다. 우리가 민주주의를 할 능력이 없다느니 독립된 국가를 꾸려갈 준비가 안됐다느니 일방적으로 판단하는 것도 웃기지만, 설령 그렇게 생각된다 하더라도 당사자의 의견이라도 들어보는 것이 정도일 텐데 그들은 단 한번도 우리의 의견을 청취하거나 함께 의논해 본 적이 없었다. 결국 강대국의 사고방식은 일제가 한반도를 강점했던 것과 근본적으로 다를 게 없었다. 왜 해방된 한반도의 운명을 강대국이 일방적으로 결정하는가? 그 운명은 당연히 우리 민족이 주체가 되어 결정해야 된다. 그렇지 않다면 어떻게 이를 해방이나 광복이라고 부를 수 있나? 그런데 포츠담 회담 때까지도 과도정부의 성격, 군사적 점령이나 한반도가 완전히 독립을 얻는 시기 등에 관해서는 논의되지 못했고 결국 이것은 후에 분단의 씨앗이 된다. 당시로서는 그렇게 빠른 시일 내에 일본이 패망하리라고는 예상하지 못했기 때문이다.

이렇게 루즈벨트와 트루만 전 대통령에 의하여 잉태된 분단의 시작은 해방 직후 미소 양군에 의한 분할점령에서부터 비롯되었다. 그러나 분할점령은 아직까지 군사적 편의에 의한 성격이 강했기 때문에 적어도 1945년 말까지는 고착되어 있지 않았다. 그런데 1945년 12월 말부터 시작된 신탁통치 분쟁은 우리 민족 내부를 남과 북, 좌와 우로 갈라놓는다.

1945년 12월 27일 동아일보는 모스크바 3상 회담에 대하여 외신기사를 받아 "한반도를 4개국 신탁통치 아래 두기로 결정하였다"고 하며 다음과 같은 내용을 1면 머리기사로 보도했다.

"모스크바에서 개최된 3국 외상회담을 계기로 조선독립문제가 표면화되지 않는가 한다. 즉 번즈 미 국무장관은 출발 당시 소련의 신탁통치안에 반대하여 즉시 독립을 주장하도록 훈령받았다고 하는데 3국간에 어떤 협정이 있었는지 없었는지는 불분명하다. 다만 미국 태도는 카이로 선언 의해 조선은 국민투표로써 그 정부의 태도를 결정할 것을 약속했는데, 소련은 남북 양 지역을 일괄한 일국 신탁통치를 주장해서 38도선에 의한 분할이 계속되는 한 국민투표는 불가능하다고 하고 있다." (동아일보 1945. 12. 27)

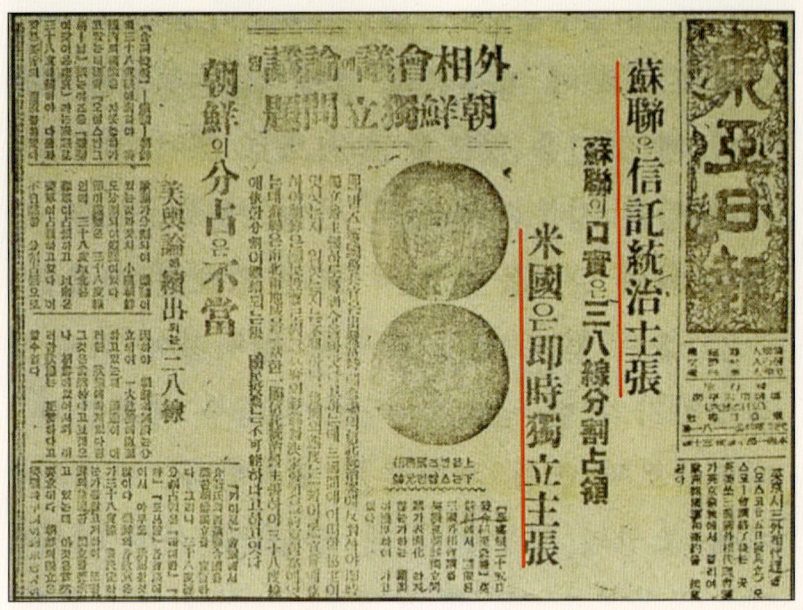

▲ 1945년 12월 27일자 동아일보의 '모스크바 3상회의'에 관한 기사로 "소련은 신탁통치주장, 소련의 구실은 38선분할 점령, 미국은 즉시독립주장"이란 기사는 미소 양국의 한반도정책을 정반대로 알린 명백한 왜곡보도이다. 이 기사가 전해지면서 이후 '찬탁=친소=좌익=반민족'이라는 등식이 성립하게 된다.

하지만 이러한 동아일보의 기사는 명백한 왜곡보도이다. 당시 처음부터 한반도의 신탁통치를 기획하고 주도했던 미국으로서는 우리가 막상 해방이 되고 나니 이 땅에서 민족주의가 분출되는 것을 보면서 자신들이 신탁통치를 주장한 장본인이라는 사실이 알려지는 것이 부담스러웠을 것이고 또 반공주의에 젖은 미국 신문 '성조기'나 해방공간에서 미군정의 보호를 받는 정당인 한민당의 사실상 기관지 역할을 하던 동아일보는 이러한 사실을 왜곡함으로써 국민들에게 반소·반공 감정을 불러일으키고자 했던 것이다. 또 반탁=반소=반공이라는 등식을 통하여 당시 친일청산의 들끓는 대중적 요구를 다른 곳으로 돌리려 했던 것이다. 이 보도가 나간 후 한반도는 들끓기 시작하였으며 동아일보의 교묘한 왜곡보도를 근거로 모스크바 협정=식민지적 신탁통치=소련의 주장=반민족적 행위라는 등식이 성립되면서 민족 대 반민족의 구도가 찬탁 대 반탁이라는 좌우

탁치논쟁으로 바뀌어 한반도는 실질적인 분단상태로 들어가게 되었다.

이처럼 한반도를 신탁통치로 지배하려 하였으며, 또 이로써 우리 민족을 분열되게 한 장본인이 바로 트루만 전 대통령이다. 나는 이 동아일보의 기사가 우리 언론 역사에 있어서 최대의 왜곡보도라고 생각한다. 이것은 다름 아닌 민족전체의 운명과 관련된 것이며, 이 틈을 이용해 반민족세력들이 반탁의 편에 서서 살아남을 기회를 주었기 때문이다. 그리고 그 후유증은 21세기에 접어든 현재에도 계속되고 있는 것이다.

〈신탁통치와 동아일보 왜곡보도〉

1945년 한반도의 역사를 갈라놓았던 모스크바 3상회의에 대한 동아일보의 왜곡보도는 몇 가지 의문점을 갖고 있으며 그것은 아직도 명확히 해소되지 못하고 있다.

동아일보가 당시 '소련 신탁통치 안, 미국 즉시독립 안'이라는 해당 기사를 받은 외국 통신사는 UP통신이었다. 이 UP통신의 기사는 미국신문 '성조기'의 기사를 받아 통신에 띄운 것이고, 이 기사를 받아 동아일보가 1면 머리기사로 크게 보도한 것이다. 하지만 미소 양국의 한반도 정책에 대하여 당시 기자들은 이런 기사를 기사화할 수가 없었다. 왜냐하면 미국의 대한반도 정책이 신탁통치며, 소련은 임시정부수립이었다는 것을 기자들은 모두가 알고 있었기 때문에 미국이 즉시 독립방안과 소련의 신탁통치주장이라는 왜곡된 통신기사를 신뢰할 수가 없었기 때문이다. 그렇기 때문에 당시 미국의 다른 유력 일간지들은 UP통신의 보도내용을 기사화하지 않았다. 실제에 있어서도 모스크바 3상회의에서 미국은 '신탁통치'를 주장하였고, 소련은 이러한 미국의 제안에 대하여 역제안으로 조선민주주의임시정부를 즉시 수립하자고 제안했다. 그리고 그 방법으로 미소공동위원회가 조선의 제반 정당사회단체들과 협의해서 구성하자고 하였다.

또 하나의 의문점은 동아일보는 당시 해외통신사로 AP통신과 제휴하고 있었기에 유독

이 기사만을 제휴사가 아닌 UP통신 기사를 받아서 기사화했다는 사실 역시 아직까지도 의문으로 남아있다. 이후 동아일보는 외국군 철수와 남북회담을 주장하는 것은 소련의 주장을 대변하는 것이라며 백범 김구를 반민족주의자로 매도하기에 이르기까지 하였다.

이처럼 당시의 동아일보를 비롯한 우리의 대부분 언론들은 철저히 왜곡된 보도를 하고 있었던 것이다. 하지만 우리의 현실은 이처럼 잘못된 기사와 정보에 입각해서 행동한 결과만 역사에 남고, 이러한 행동을 유발시킨 잘못된 기사가 작성되는 경위나 보도되는 경위는 역사에 기록되어 있지 않다. 이는 실로 정말 무서운 일이라 아니할 수 없다.

트루만의 한반도 핵무기사용

우리들의 트루만 전 대통령에 대한 오해는 어디 이뿐인가? 한국전쟁 당시 핵무기 사용검토에 대하여 우리는 맥아더 장군이 핵무기 사용을 강력 주장했으며 트루만은 이에 반대하는 과정에서 맥아더를 해임시켰다고 많은 사람들이 알고 있는데 이것은 잘못된 지식이다. 트루만 역시 1950년 11월 30일 핵무기 사용으로 북을 위협을 하였다는 사실을 알아야 한다.

미국이 한국전쟁 기간 핵을 결국 사용하지 못한 데는 어마어마한 수의 적군을 적시에 확인할 수 있는 경우가 극히 드물었다는 기술적인 이유 또한 크게 작용했으며, 본질적으로 트루만은 핵을 사용할 경우 좀 더 '믿을 수 있는' 사령관이 핵 공격을 수행하길 원했던 것이다. 그래서 트루만은 1951년 4월 10일 맥아더 해임 안에 서명을 하고 바로 하루 뒤인 11일에는 맥아더 장군이 그토록 열망했던 한반도 원폭사용안에 서명을 하였던 것이다. 단, 이 원폭사용안에 대한 핵무기 통제권은 일본 히로시마와 나가사키 원폭투하를 지휘했던 커티스 르메이 당시 전략공군사령관에게 주어졌던 것이다. 맥아더를 해임시킨 그날, 핵무기가 태평양 너머로 공수돼 한국전장을 위해 배치되기 시작했다는 점에서 트루만정권의 호전성도 맥아더의 그것과 본질에 있어서는 다르지 않다는 것을 우리는 분명히 기억해야 할 것이다.

이처럼 임진각공원에 동상으로 서있는 트루만 전 대통령이 한 행위는 우리가 일제로부터 해방되었을 때 신탁통치를 통해 변형된 식민지화를 추진했던 사람이고, 또한 한국전쟁 당시에는 한반도 전체를 핵무기를 통하여 불바다로 만들 계획을 수립했던 사람이다. 그 이유가 무엇이든 전쟁에서 남쪽의 영토를 지켜주었다는 이유만으로 이렇게 동상을 세워가며 칭송해야 할 만한 인물인가 다시 생각하지 않을 수 없다.

이제 임진각공원의 수많은 냉전적 전시물들을 지나 맨 마지막에 있으며 이곳에 오는 관광객들이 거의 모두 꼭 가보는 〈자유의 다리〉로 가서 한국전쟁의 악몽이었던 '포로교환'에 대하여 알아보기로 하자.

(3) 〈자유의 다리〉를 통해 본 포로교환

다시 만들어진 〈자유의 다리〉

임진각공원에 온 관광객들이 거의 예외 없이 가는 곳은 〈자유의 다리〉이다. 이곳 자유의 다리는 1953년 7월 27일 정전협정이 체결되고 포로교환이 이루어져 이곳을 통하여 국군포로들이 자유를 찾아 넘어 온 곳이라고 관광객들에게 설명되어 있다. 다리의 끝은 철조망으로 막아져 더 이상 나아갈 수 없게 되어 있고 이 철조망에 통일의 염원을 담은 여러 글귀가 남겨져 있어 보는 이들로 하여금 분단의 아픔을 느끼게 해 준다. 또한 다리 아래에는 한반도 모양으로 작은 연못이 만들어져 있어 이곳을 찾는 이들로 하여금 통일염원을 키울 수 있도록 설계되어 있다.

하지만 이곳에서 설명하고 있는 포로교환에 관한 내용은 잘못된 것이다. 포로가 교환된 곳은 이곳 자유의 다리가 아니라 판문점이었기 때문이다(정전협정 3조 55항). 당시 국군포로를 인수한 것은 이승만정부가 아니라 유엔사였으며, 이승만정부는 휴전에 반대하며 계속적인 북진통일을 외쳤기 때문에 정전협정의 당사자로 참석하지 않았다. 따라서 이승만정부가 유엔사에게 국군포로를 인수한 곳은 판문점에서 멀리 떨어진 곳으로 경의선 철도가 지나가는 임진강 철교이었던 것이다. 따라서 우리의 국군포로를 넘겨받은 것은 전쟁의 반대편인 북으로부터가 아니라 같은 아군으로 활동한 유엔사였던 것이다. 또 임진강 철교 역시 폭격으로 파괴되어 있었기 때문에 그 옆에 급조한 목교를 통하여 포로들은 건너왔다. 그리고 그 다리는 그 후 장마와 홍수 등으로 유실되고 현재에는 없어진 것이다.

급조된 다리가 유실된 후 임진강 철교를 자유의 다리라고 소개하는 경우가 많았는데 이에 대한 문제제기가 많아지자 그 옆에 새로운 목교를 건설하여 관광상품으로 복원해 놓은 것이 지금의 자유의 다리로 소개되고 있는 이것이다. 그러니까 지금 우리가 서 있는 자유의 다리는 당시 포로들이 유엔사에 의하여 한국군에 인계되었던 역사 속의 자유의 다리가 아닌 것이다. 아래의 지난 전쟁 당시의 것과 현재의 사진을 비교해 보면 쉽게 알 수 있다. 전쟁 당시 사진을 보면 자유의 다리는 경의선 철교 옆을 따라 교각의 반정도 높이로 임시 가설되어 있었다. 지금 경의선 철교 높이로 되어 있는 것도 맞지 않고 대각선으로 기울어져 있는 것도 맞지 않다.

▲ 현재의 자유의 다리(중간부분 좌우로 늘어선 목교)로 사진 속의 왼쪽 철교는 경의선을 잇는 임진강철교이며 우측 교각은 과거에도 이미 경의선이 복선으로 존재하였음을 보여주고 있는 것이다.

▲ 전쟁 당시의 사진으로 전쟁 중 폭격으로 파괴된 철교의 우측에 급조한 목조다리가 본래의 자유의 다리이다.

 그럼 이제 그동안 공산군에 의하여 잡혀있던 국군포로가 우리에게 인계된 장소처럼 알려졌던 자유의 다리에 대한 실체적 정보는 이 정도로 하고, 이곳 자유의 다리에 서서 우리가 알아야 할 것은 무엇인가? 그것은 한국전쟁을 3년이나 끌게 하여 수많은 사상자들을 발생시키는 데 일등공신의 역할을 했던 포로교환문제에 대한 객관적인 학습일 것이다. 포로교환, 이것은 한국전쟁에서 참전자들을 가장 곤혹스럽게 했던 것이며, 그 후유증은 아직까지도 아물지 않아 우리를 고통스럽게 하고 있다는 사실이다.

전쟁의 역설, 포로교환을 위한 포로의 확대

전쟁 발발 후 3년 1개월간 지속된 한국전쟁은 초기 1년을 지나고 나서 지금의 휴전선 일대에서 진지전으로 전환되며 1951년 7월 10일부터 정전협상이 개성에서 시작되었다. 이러한 정전회담이 처음에는 비교적 원활히 진행되어 7월 26일 협상 의제에 합의를 하고 군사분계선과 비무장지대 설정, 정전감시기구 등 서로의 대립이 없었던 것은 아니지만 상대적으로 큰 무리 없이 논의가 진행되어 갔다.

하지만 포로교환문제에서 쌍방이 대립되면서 교착상태에 빠진다. 정전회담 총 24개월 17일 동안 포로교환문제 때문에 18개월 11일간 전쟁을 더한 꼴이 되었다. 이로써 포로문제 해결을 위하여 포로를 더 발생시키는 웃지 못할 일들이 발생한 것이다. 이 때문에 정전회담은 가히 포로교환을 위한 회담이었다고 해도 과언이 아닌 것이 되어버렸다. 이렇게 된 배경에는 내전적 성격과 이념적 대립이 혼합되어 발생한 매우 독특한 한국전쟁만의 특수성이 존재하고 있다. 여기에 이러한 한국전쟁의 특수성에 비추어 이를 이용하려 했던 미국의 포로정책이 가장 크게 작용했던 것이다.

'평화의 발명품'이라 칭송받으며 1949년 국제적으로 합의한 제네바협정에 따르면 "포로는 적극적인 적대행위가 종료된 후 지체 없이 석방하고 송환하여야 한다."(118조)고 규정되어 있다. 이러한 국제협약에 따라 남북이 서로의 포로를 교환하였으면 전쟁은 간단히 끝날 일이었다. 그래서 정전회담이 재개되었을 당시에도 포로교환에 관한 것은 크게 문제가 되지 않을 것이라고 판단했던 것이다.

　1951년 12월 18일 쌍방이 포로명부를 교환하면서부터 포로교환문제가 본격적으로 논의되기 시작했는데 유엔사가 제공한 포로명단은 132,474명이었고 북이 제공한 포로명단은 11,559명이었다. 이러한 포로명단에 대하여 서로 예상된 포로의 수보다 적다며 상호 비방·대립하였고, 사라진 포로를 직접 상대방의 포로수용소에서 확인할 수 없다는 한계에서 미국은 제네바협정에서 규정한 전체포로 맞교환방식을 거부하고 1:1 맞교환을 주장하였던 것이다. 이것은 북에 대한 압박용으로 감춰둔 포로를 내놓으라는 것이고, 만일 군인의 수가 모자란다면 북이 납치한 민간인들로 그 수를 채울 수 있을 것으로 생각했다. 하지만 교환되고 남는 북의 포로들에 대한 처리방법이 없었으며, 제네바협정을 위반하면서까지 이들을 남쪽 법으로 처벌할 수도 없고, 또 이들 포로들에게 제공되어야 할 식량문제도 그렇고 결국 포로 교환 사상 초유의 제안이기는 하였지만 결국 미국은 1:1 맞교환 방식을 철회한다.

　한편 1951년 7월 초 미국의 심리전 책임자인 맥클루어 장군은 포로에 대한 신분조사를 통하여 중국군 중 장개석의 국부군에서 강제 징용된 병사들이 많다는 사실을 알게 된다. 그래서 그는 이들에게 선택권을 주어 대만으로 돌아가도록 하자는 제안을 콜린스 참모총장에게 한다. 이렇게 하면 중국본토로 강제송환되지 않을 수 있다는 데 자신감을 가지고 더 많은 중국군의 투항이 발생하여 적의 전력을 약화시킬 수 있다는 계산이었다. 또한 한국전쟁의 내전적 요소로 인하여 남북심리전에서 적을 이길 수 있는 좋은 방법이라고 판단하였던 것이다.

　하지만 이것은 처음에는 미군 지휘부에 의해 보류되었다. 왜냐하면 이런 방식의 포로교환은 제네바협정을 위반하는 것이기에 공산 측의 역선

전에 말릴 우려가 있다는 것이었다. 그러다가 당시 미군의 적극적인 공세로 포로문제는 법적 근거보다 인도주의를 강조하도록 세계여론을 돌림으로써 유엔사는 멕클루어 장군의 제안인 자발적 포로교환을 제시하고, 포로들의 의사를 확인하기 위하여 이들을 감독기관이 면접하자는 제의를 한다(1952.1.2). 이것은 포로가 자신의 의사에 반하는 불리한 결정을 받아서는 안 된다는 제네바협정 제7조에 근거하지만 제118조에는 위배되는 것이다. 그 결과 협상이 수개월간 표류되고 미국은 춘계공세니 추계공세니 하면서 더 큰 타격을 입혀 협상의 유리한 고지를 차지하는 데 골몰한다. 이로써 정전협상은 나락으로 빠져들고 만 것이다. 당시 예상되는 송환거부 포로가 인민군은 8천여 명 수준인 데 반해, 중국군은 무려 배에 가까운 1만 4천7백 여 명으로 북측은 강력 반대하였다.

하지만 전쟁은 지속되고 양측 모두 마냥 포로교환 문제에 묶여 있을 수 없었으며, 이후 정세는 정전타결 쪽으로 흘러가고 있었다. 1952년 11월 한국전쟁의 종전을 선거공약으로 내건 아이젠하워가 당선되고, 12월 3일 제7차 유엔총회는 인도가 제안한 포로송환에 관한 결의안(4개 중립국으로 구성된 송환위원회를 조직하여 포로를 120일간 그 위원회에서 설득하여 가고 싶은 곳으로 송환되게끔 하자는 것)을 압도적 다수결로 통과시키며 정전을 압박하였다. 또한 이듬해 3월 5일 소련의 스탈린이 사망하고 그 뒤를 말렌코프가 이으며 미소화해의 분위기가 조성되었다. 이러한 상황변화에 따라 북의 제안으로 1953년 4월 6일 정전회담이 재개되며, 4일 뒤 부상병포로교환이 이루어진다. 그리고 6월 8일 본국송환 거부 포로에 대한 처리를 합의하여 포로교환문제를 일단락 짓게됨으로써 정전회담은 최종타결 쪽으로 정리되어 갔던 것이다.

이승만의 정전반대와 한미동맹

하지만 정전회담에 있어서 가장 큰 난관은 계속적인 북진전쟁을 주장하며 정전회담을 반대했던 이승만정부였다. 이러한 상황에서 이미 1953년 5월 미국은 이승만을 제거하고 좀 더 종속적인 정부를 세우기 위한 쿠데타 작전인 에버레디 작전(Operation Eveready) 계획을 수립하기도 하였지만 그것을 포기한 상황에서 미국은 이승만 전 대통령을 무마하기 위하여 그의 방미를 요청하였다. 하지만 이승만 전 대통령은 바쁘다는 이유로 거절한 채 1953년 6월 18일 미국에 사전예고 없이 2만 7천 명의 반공포로를 석방하고 만다.

〈에버레디 작전(Operation Eveready)〉 - 작전에 의한 임무는 다음과 같았다.
ⓐ 불복종하고 반항적인 지도자들을 제거하고 미군에 충성하는 지휘관들로 대체할 것.
ⓑ 이반한 한국군 부대, 사령부 및 한국정부 사이의 교신망을 두절시킬 것.
ⓒ 민간과 군대의 교신망을 장악할 것.
ⓓ 유엔사령부 이름으로 계엄령을 선포할 것.
ⓔ 유엔사령부에 의한 군사정부수립을 선포할 것.

이에 미국은 정전회담을 파탄내지 않게 하기 위하여 이승만 대통령을 설득하고자 6월 25일 국무차관보 로버트슨을 대통령특사로 파견하였고, 결국 7월 11일 미국이 제시한 다음 조건을 받아들이고 이승만도 휴전에 동의하게 된다.

① 한미상호방위조약의 체결을 위한 교섭을 개시한다.
② 장기간 경제원조를 제공한다.
③ 휴전협정체결 후에 개최될 한국의 정치적 통일에 대하여 90일간 아무런 구체적인 성과가 없을 때 미국은 그 회의로부터 탈퇴한다.
④ 한국군의 증강을 위한 미국의 원조약속.

이처럼 전쟁을 중지하기 위한 정전회담은 포로교환 문제로 더욱 오랜 기간 전쟁을 치르게 하였고 뿐만 아니라 이후 한미관계의 종속적인 정치·군사적 관계를 잉태시킨 것이다.

당시 한미 양국이 합의한 사항 가운데 당장 제3항은 정전협정 이후 벌어지는 평화협정으로의 길을 부정적으로 만들게 하였으며, 제4항은 정전협정 그 자체에도 위반되는 것이었다. 이는 병력증강 없이 교체만을 허용하고, 군사장비는 낡은 장비를 동일한 장비로 교체하는 것만 허용하며, 새로운 장비의 유입을 금지하고, 외부로부터의 병력증강도 허용하지 않기로 합의한 정전회담 제2의제에 위반되는 것으로 애당초 미국은 정전협정을 준수할 의사가 없었음을 반증하는 것이다.

불안한 정전협정, 평화협정의 필요성

정전협정에 있어서 이미 수행된 조치들(예: 포로교환)은 지금에 있어 생명력이 없는 것이고, 전체 5조 63항으로 되어 있는 정전협정은 평화유지를 위해 매우 중요한 방안들이지만 실질적으로 무력화되어 현재 전혀 작동하지 않는 조항이다(외부로부터의 무기반입을 금지한 13항 ⓓ·ⓖ, 군사정전위원회에 관한 19~35항, 평화체제 수립을 위한 정치협상에 관한 60항, 정전협정의 수정에 관한 부칙 61항 등). 또 정전협정이 무력화되는 과정은 쌍방합의(61항)라기보다는 한쪽의 일방적 선택에 의한 것이었다.

이처럼 한반도분단에 대한 '총체적인 관리체제나 제도'는 제대로 구비되지 못한 실정이다. 제도적 보장이 없는 불안정성, 이것이야말로 한반도분단의 첫 번째 기본 성격이다. 이처럼 우리의 분단이 구조적으로 불안정한 취약점에도 불구하고 반세기 이상 지속되어 온 힘은 어떤 시스템에 의한 것이 아니라 '힘의 대치' 때문이다. 이처럼 제도적 장치에 의한 정전체제가 아닌 힘의 대치에 의한 정전체제가 1990년대 이후 북핵 위기의 근원이기도 한 것이다. 최근에 이르러 이러한 힘의 대치는 핵무기와 대륙간탄도미사일이라는 전략무기의 대치로 변경되면서 그 폭발력이 훨씬 증가된 상태이다. 정전체제를 이제는 평화체제로 변경시킴으로써 분단의 역사를 끝내고 진정한 평화와 통일을 일굴 수 있는 환경을 조성해야 할 것이다. 그리고 그러한 평화체제가 자칫 통일로 향하는 것이 아닌 평화스러운 분단체제로 가지 않도록 세심하게 주의해야 하는 것이다.

포로교환이 3년간 벌어진 한국전쟁에 있어서 가장 중요한 문제이기에 조금은 깊고 세세하지만 나름대로 자료를 뒤져보며 심도 깊은 공부를 해보았다. 그렇지 않고는 이 자유의 다리는 그저 포로교환이라는 단순한 사실로만 남아있을 뿐 더 이상의 역사적 의미를 찾기 어려웠기 때문이다. 앞서 말했듯이 어쩌면 3년간 수백만 명이 희생되며 치러졌던 한국전쟁은 포로교환을 위한 전쟁이었다고 해도 과언이 아니었고, 그렇기 때문에 이 문제를 좀 더 명확히 알아야 할 필요성이 있는 것이었다. 앞으로 더욱 많은 연구가 필요한 것은 사실이지만 그것은 연구자들에게 넘기고 이제는 발길을 임진강 건너 민통선 안쪽으로 옮기고자 한다.

4

민통선과 비무장지대

민통선과 비무장지대

민통선-DMZ 출입절차

민통선 출입	개인	가장 쉽고 흔한 출입방식으로, 누구나 신분증(주민등록증이나 운전면허증 등)을 소지한 사람이면 임진각공원 안에 위치한 관광안내소(031-953-4744)에서 참가비를 지불하고 신청하면 된다.
		이 관광버스를 이용하여 〈도라산 역-도라전망대-제3땅굴〉을 돌아보는 것으로 약 2~3시간 내외의 시간이 소요된다.
		특별히 해당 장소에 대한 전문적인 안내자는 없고 단지 도라전망대에서 군인에 의한 설명이 있을 뿐이다.
	단체	30인 이상의 단체인 경우 임진각 관광안내소(031-953-4744)에 참가자 전원의 신분증을 제시하고 민통선 출입을 허가받을 수 있다. 단 차량은 개별 승용차가 아닌 대형버스로만 이동이 가능하다.
		이 경우 관광시간에 있어 일몰시간 전까지 자유롭기 때문에 민통선 내 통일촌 부녀회에서 운영하는 식당 등을 이용하며 식사도 할 수 있고, 기타 가까운 몇 곳을 더 돌아볼 수도 있지만 민통선이란 특수성으로 인하여 그곳 지리에 밝지 못하므로 현실적으로 그렇게 관광이 이루어지기는 어렵다.
판문점 관광		판문점관광은 1970년 5월 외국인에게 먼저 개방되었고, 그 뒤 1980년 1월부터 내국인에게도 개방되었다.
		이곳을 관광하려면 국정원 홈페이지를 이용하여 국정원에 신청하여야 하며 이곳에서 신원조회 등을 거쳐 그 허락이 떨어진다. 단 30인 이상의 단체관광만 가능하다. 신원조회 등 절차가 필요하므로 국정원에서는 관광 예정일보다 상당기간(약 60일 정도) 일찍 참관 신청을 할 것을 요구하고 있다.
		참고로 관광신청은 국정원에 하지만 비무장지대는 정전협정상 그 관리주체가 유엔사이기 때문에 최종적인 허락은 유엔사에서 결정한다. 즉 국정원은 신원조회 등 1차적 관광 가능 여부만을 판단하며 이렇게 검사된 명단은 유엔사로 넘겨져 그곳에서 최종 출입허가가 떨어지는 것이다.

(1) 〈통일대교〉로 넘는 임진강

임진각에 전시되어 있는 여러 시설물들을 둘러보고 나는 민통선 안으로 들어가기 위하여 〈통일대교〉로 향했다. 민통선으로 들어가는 임진강의 여러 다리들이 있지만 일반관광객들이 이용할 수 있는 곳은 이곳이 유일하다.

▲ 1998년 6월 15일 개통된 통일대교. 그 첫 손님으로 정주영의 500마리 소떼가 이 다리를 건너 북으로 갔으며, 그 뒤 민통선-DMZ 관광객은 모두 이 다리를 통해서 출입하고 있다.

    통일대교는 1998년 6월 15일 개통되었는데 그 전까지는 민통선 안으로 들어가기 위해서 현재 열차가 다니고 있는 임진강 철교를 이용해야만 했다. 철교 위를 철도침목으로 덮어 놓고 그 위로 차량이 통과하며 출입하였던 것이다. 당시에는 현재 민통선 내에 있는 도라산역이 없었기 때문에 이 경의선 철도는 철길로서는 전혀 기능하고 있지 않았기 때문에 이곳을 통하여 민간인 및 군인들이 통행하였던 것이다. 임진강 철교는 그 폭이 좁아 당시 편도 1차선으로 한쪽 차량이 통과되고 나면 반대편 차량이 통과할 수 있는 상당히 불편한 상태였다.

    이제 그렇게 이용되던 임진강 철교, 일명 자유의 다리는 폐쇄되고 본래의 성질인 기찻길로만 사용되고 있다. 또 이제는 이 철교를 더 이상 자유의 다리라 부르지 않고 경의선 '임진강 철교' 라 부른다. 하지만 아직도 이곳에서 그 철교를 이용하였던 사람들에게는 지난 시절의 명칭인 '자유의 다리' 로 더 많이 불리고 있는 것이 현실이다.

이 철교를 따라 임진강을 건너 민통선 안으로 들어가면 처음 나오는 기차역이 '남쪽의 마지막 역이 아니라, 북쪽으로 가는 첫 번째 역'이라고 소개되는 '도라산역'이다. 점차 모든 것이 본래의 목적대로, 본래의 기능대로 제자리를 찾아가고 있다는 느낌이 들어 기분이 좋다.

어쨌든 이제 우리는 민통선 안으로 들어가려면 '자유의 다리'가 아닌 〈통일대교〉를 이용하여 들어가게 된다. 통일대교 입구에는 군인들이 검문을 하고 있으며, 신분증을 맡기는 등 복잡한 절차를 거친 뒤에야 민통선 안으로 들어갈 수 있었다.

〈임진강에 놓여 있는 다리를 통해 본 우리의 통일〉

임진강이 흐르는 남측 지역에는 여러 개의 다리가 놓여있다. 하지만 그 다리의 이름들은 위의 〈통일대교〉를 빼고는 모두가 이념적이거나 호전적인 이름을 가지고 있다. 통일대교를 기준으로 서쪽으로는 위에서도 언급한 〈자유의 다리〉라고 불리었던 임진강철교가 놓여 있다. '자유'라는 언어가 갖는 추상성과 그 좋은 뜻에도 불구하고 '자유민주주의'를 표방하는 의미로 사용되고 있어 '인민민주주의'를 지양하는 북에 대한 대결적 의미를 내포하고 있다. 이러한 이념지향적 표현은 이곳 민통선 일대에서 '자유의 다리' 외에도 '자유로', '자유의 마을', '자유의 집' 등에서도 쉽게 찾을 수 있을 것이다.

한편 〈통일대교〉를 기준으로 동쪽으로 연천까지 놓여져 있는 다리는 전진교, 리비교(북진교), 틸교(2007년 철거되고 비룡대교가 건설), 화이트교 등이 있다. 〈전진교〉는 이곳을 관할하는 1사단 전진부대의 명칭을 빌어온 것이다. 한편 전진교 남쪽에 선조가 임진왜란으로 의주로 피난갈 때 어두워 마침 임진강변 언덕 위에 있던 정각을 태워 불을 밝히어 넘었다는 이율곡의 화석정이 있다. 그리고 그 북동쪽으로 옆에 놓여있는 다리는 리비교라고 불리는 다리로 우리 이름은 '북진교'이다. 임진강을 따라 북동방향 연천군 쪽으로 틸교(2007년 철거되고 비룡대교가 건립), 화이트교, 필승교 등 외래어와 호전적 언어들로 뒤섞여 있는 임진강의 냉전의 흔적들을 엿볼 수 있다. 이제 이런 냉전적 명칭들이 〈통일대교〉처럼 보다 통일 지향적인 우리의 말로 바뀌기를 기다려 본다.

통일대교의 첫 손님, 방북 소떼

우리 민족에게 분단의 강, 통곡의 강으로 알려진 슬픈 강. 그 임진강을 가로질러 4차선 도로로 넓게 펼쳐져 있는 통일대교는 그것이 개통되면서 그 첫 번째 손님으로 사람이 아닌 소떼가 지나간 재미있는 다리이다. 바로 현대그룹 고 정주영 명예회장이 자신이 기른 소 5백 마리를 이끌고, 형제와 자식들을 데리고 고향 땅을 찾아 분단의 장벽인 군사분계선을 넘어간 것이다.

분단의 땅 한반도에서 이렇게 멋지고 역사에 길이 새겨질 개통식을 경험한 다리가 또 있을까 싶다. 개통 첫날 그 위를 지나간 것은 무장군인이나 군용차량이 아니라 평화와 통일의 땅을 일구기 위한 누런 소떼와 북녘에 고향을 둔 정씨 일가였다. 이처럼 소떼는 '통일대교'를 통해서 임진강을 건너고, 민통선마을 '통일촌'을 지나, 비무장지대 공동경비구역의 '통일각'을 통해서 북으로 간 것이다.

정주영 명예회장은 어린 시절 당시 소 판돈 70원을 가지고 고향을 떠나 서울로 무작정 올라와서 '현대' 신화를 이루고, 분단의 땅을 가로질러 고향 땅에 다시 간 것이다. 그것도 자신이 만든 현대자동차를 타고, 자신이 키운 서산농장의 소떼를 이끌고, 자신의 형제와 자식들 모두를 데리고 북녘 고향인 통천에 갔다. 이 당시 소떼 방북에 관한 이야기는 셰익스피어조차도 쓰기 힘든 극적인 장면이었다.

당시 그는 1989년 1차 방북 때 고향 집에 들려 부친의 묘에 성묘를 하고 자신의 와이셔츠를 작은 어머니께 맡기며 "깨끗하게 빨아서 저기 걸어둬요. 다음에 와서 입게"라는 말을 남기고 9년 뒤 다시 방북한 것이다. 그리고 1차 방북의 경우 비행기로 남의 나라 일본과 중국을 거쳐 갔던 것과 달리 자기가 만든 현대자동차를 타고 자기나라 땅 위로 간 것이다. 분단의 극한점인 군사분계선을 넘어 고향 땅으로 들어간 것이다.

1989년 1차 방북 뒤 1차 북핵위기로 남북관계도 악화되어 있었고 또 그 뒤 들어선 김영삼정부와는 현대그룹이 불편한 관계라 대북사업을 추진하기 어려웠으며 실제 방북신청을 하였지만 불허되었다. 그 뒤 김대중정부가 들어서고 햇볕정책이 실시되면서 정주영 명예회장은 바로 방북을 추진한 것이었다. 김대중정부도 북쪽 출신 기업인 가운데 가장 성공한 정주영 명예회장의 방북이 갖는 상징성이 커서정부의 '정경분리 원칙하의 대북경협'의 첫 실천 사례로 그의 방북을 적극적으로 도왔던 것이다.

한편, 여기서 남북관계에 있어서 하나의 획기적인 진전이 발생하였다. 당시 소떼와 그 일행의 판문점 통과, 보다 정확히는 군사분계선 통과가 문제였는데 이는 정전협정에 관한 사항으로 군사정전위에서 이야기되어야 했지만 당시 군사정전위는 마비상태에 빠져 그 기능을 하지 못하고 있었던 것이었다. 왜냐하면 1991년 유엔사 대표로 한국군 황원탁소장이 임명되자 북은 이를 인정할 수 없다며 항의하고 북측 정전위를 해체시켜 버렸고 그 뒤 인민군 판문점대표부를 설치하고 북미 장성급회담을 요구하고 있었기 때문이다. 이렇게 군사정전위는 불구가 되어 열리지 못하고 북이 요구하는 북미장성급회담은 받아들여지지 않으면서 한반도의 정전체제는 위기를 맞고 있었던 것이다. 이러한 때 소떼 방북으로 인하여 북미가 한발씩 물러나 북-미 장성급회담 대신 북-UN 장성급회담으로 그 형식을 변화시켜 상설화시키는 방안으로 타협하게 된다. 이처럼 소떼의 방북이 대치상태에 빠져 있던 남북관계를 다시 만날 수 있도록 해 주는 전혀 예상치 못한 결과도 초래했던 것이다.

하지만 이러한 역사적 사실에 대하여 우리는 또 한번 생각해 봐야 한다. 북의 대화상대인 주한미군 사령관이나 유엔군 사령관이나 한미연합사 사령관이나 모두가 동일인물이기 때문이다. 이 부분에 대한 내용은 뒤에 유엔사 기지 캠프 보니파스 답사에서 좀 더 자세히 알아보기로 하고, 어쨌든 이러한 현실이 우리 통일문제에 커다란 장애와 혼란으로 다가오고 있는 현실에서 우리는 주한미군, 한미연합군 그리고 유엔사라는 것에 대하여 깊게 생각해 봐야 한다. 북은 정전협정의 실질적 주체인 미국과 대화하고 싶어하고, 미국은 유엔군의 모자를 쓰고 북을 만나야 한다고 하면서 양자 간의 대립이 지속되고 있는 것이다.

한편, 나는 이렇게 통일의 관문 통일대교를 지나가며 말없이 남과 북을 흐르는 임진강을 바라보니 갑자기 재일교포들의 삶을 다룬 일본영화 '박치기'의 주제가로 알려진 노래 '림진강'이 떠올라 마음 속으로 그것을 부르며 임진강을 건넜다.

▲ 북쪽에서 내려다 본 임진강 전경. 사진 속의 다리는 전진교이며, 다리 건너 수직으로 깎인 임진강변은 '임진강 적벽'으로 신생대 시기 화산활동으로 만들어진 것인데 햇빛을 받으면 붉은 빛으로 보여 '적벽'이라 이름 붙여졌고 생태학적으로 소중한 곳이라 하지만 군사적 이유로 보호 및 연구가 소홀히 되고 있다.

림진강 - 박세영 글 / 고종환 곡

림진강 맑은물은 흘러흘러 내리고
뭇새들 자유로이 넘나들며 날건만
내 고향 남쪽땅 가고파도 못가니
림진강 흐름아 원한싣고 흐르느냐

강건너 갈밭에선 갈새만 슬피울고
메마른 들판에선 풀뿌리를 캐건만
협동벌 이삭바다 물결우에 춤추니
림진강 흐름을 가르지는 못하리라

내 고향 남쪽땅 가고파도 못가니
림진강 흐름아 원한싣고 흐르느냐

<남북을 이어주는 노래 '림진강'>

영화 <박치기>는 일본인 감독에 의하여 만들어진 영화지만 그 소재가 재일교포들의 이야기로 우리나라에도 1편(2006), 2편(2007) 모두 상영되어 꽤 알려졌는데, 이 영화의 주제가로 사용된 '림진강'의 작사자는 바로 북쪽의 애국가를 작사한 박세영이며, 작곡가는 고종한이다.

▲ 2004년 서울에서 상영된 <박치기1>에서 일본학생 고스케가 조선학교에 축구시합 신청서를 가지고 왔다. 우연히 음악실에서 조선학생들의 '림진강' 연주를 훔쳐보다 여주인공 리경자에게 들킨 장면. 노래 '림진강'이 일본에 알려지게 되는 과정을 나름대로 사실적으로 묘사한 것이다.

북쪽의 애국가를 쓴 사람의 노래가 이제는 서울의 극장 속에서 들려지고 이를 통해 적지 않은 사람들이 이 노래를 알게 되었다. 어쩌면 이러한 모습이 통일로 나아가고 있는 모습일지 모른다는 생각이 든다. 이러한 현상을 보며 나는 왠지 노래 '림진강'이 남과 북 그리고 우리의 교포세계를 잇는 다리가 될 지 모른다는 기대에 노래 '림진강'에 얽힌 이야기를 전하고자 한다.

 이 노래는 본래 1957년 북에서 만들어진 노래이지만 1968년 일본에서 3명의 대학생으로 구성되어 그해 딱 1년간 활동하며 크게 인기를 모았던 그룹 '더 포크 크루세더스'가 불러 일본에 널리 알려졌던 노래인데 이 곡이 금지곡이 되면서 오히려 일본 젊은이들에게 더욱 인기를 끌게 되었다.

 이 노래를 '더 포크 크루세더스'에게 가르쳐 준 사람은 마츠야마 타케시(松山猛)였는데, 이 사람이 이 노래를 알게 된 것은 그가 고등학생 시절 양국 학생들 간의 긴장과 폭력을 스포츠를 통해 풀어보고자 축구시합 신청서를 들고 교토에 있는 조선학교에 들어갔다가 그곳에서 학생들이 합창하는 '림진강'을 우연히 듣고 감동한 것이 계기가 되었다. 그 뒤 같은 또래의 재일 조선인 소년을 통해 이 곡의 멜로디와 1절 가사를 알게 되고 마츠야마는 그 후 몇 해가 지난 뒤 자신과 친했던 '더 포크 크루세더스'에게 노래 '림진강'을 가르쳐주었다. 하지만 원 가사를 기초로 해서 쓴 1절은 너무 짧아서 2절과 3절은 창작하였던 것이다.

 그런데 그 뒤 이 노래가 음반을 통해 보다 대중화될 즈음 예상치 못했던 일이 터졌다. 1968년 음반 발매 1주일을 남겨 놓은 어느 날, 발매원인 토시바에 이의가 들어왔던 것이다. 그 상대는 총련이었는데 총련은 이 곡은 엄연히 작자가 있으므로 그것을 명기할 것을 요구했으며, 원래 가사와 다른 일본어 가사도 인정할 수 없다는 것이었다.

 그러나 토시바 측은 이미 싱글판 13만 장 제작된 상태였고, 북이 국제적인 저작권조약에 가입되어 있지 않았기 때문에 예정대로 발매를 강행하려 했다. 그리하여 발매 이틀 전에 기자회견이 열렸는데, 그 회견장에서 도시바 관계자는 얼굴이 파랗게 질려 있었다. 총련이 항의한 사실이 매스컴을 통해 알려졌던 것이었다. 기자회견은 대혼란으로 마쳐졌고, 다음날 '림진강'의 발매 중지가 발표되었다.

당시 총련과 토시바 사이에서 음반발매에 있어서 여러 대립요인이 있었지만 가장 큰 문제는 국명 표기였다. 총련은 이 곡을 '조선민주주의인민공화국'의 곡이라고 명기해 줄 것을 요구했으나 당시 일본 정부도 매스컴도 북을 정식 국가로 인정하고 있지 않았기 때문에 '북조선(北朝鮮)'이라는 표현을 사용할 뿐 '조선민주주의인민공화국'이란 명칭을 사용하지 않았다. 그리고 북의 노래가 일본에서 유행하는 것을 곱게 보지 않았던 남측 대사관도 토시바에 압력을 가했다는 이야기도 있다. 이러한 사정 등으로 인해서 결국 이 곡은 발매 중지된 것이다.

나중에 '더 포크 크루세더스'는 이 노래를 라이브로 불렀으며, 당시 일본에서는 학생운동이 활발했던 시기였는데, 금지곡이란 낙인은 이들에게 '림진강'의 인기를 더하게 해 주었던 것이다.

이처럼 노래 '림진강'은 북에서 일본을 거쳐 남쪽 사람들에게 다가온 것이다.

(2) 분단에 기댄 삶, 〈통일촌〉

통일대교를 건너자마자 좌측으로 〈통일촌〉이란 민통선 마을이 보인다. 겉모습은 여느 농촌마을과 다름없다. 하지만 지역적 특수성으로 마을 입구는 넓은 주차장과 구판장 그리고 식당 등 외부 관광객들을 받을 준비를 하고 있었다.

　본래 민통선은 1954년 2월 미 육군 제8군단 사령관의 직권으로 귀농선으로 설정된 것이다. 이후 1958년 6월 국군이 휴전선에 대한 방어임무를 담당하게 되면서 귀농선의 이북지역에 대해서도 군사작전과 보안유지에 지장이 없는 범위에서 출입영농과 입증영농을 허용하게 되었다. 그 명칭도 귀농선에서 지금의 민통선으로 개칭된 것이다. 따라서 귀농선으로 불릴 때인 1958년까지는 마을은커녕 사람조차 군인을 제외하고는 전혀 출입이 불가능 했던 곳이다.

　이러한 상황에서 1972년 4월 제1사단 전역 하사관 14명이 영농을 시작함으로써 통일촌의 모태가 형성되었고, 그 후 1972년 5월 박정희 전 대통령이 "재건촌의 미비점을 보완한 전략적 시범농촌을 건설하라."고 지시를 내려 이에 따라 1973년 8월 지금의 통일촌이 건설된 것이다. 당시 제대를 앞둔 하사관 40세대와 예비군 자격을 가진 원주민 40세대의 총 80세대로 시작하여 이들 입주자에게 전답을 합하여 총 200ha의 경지가 제공(호당 2.7ha)되며 시작된 통일촌은 2007년 현재 150세대, 465명으로 늘어나 있는 상태이다.

▶ 임진강 이북 4개 면에 분포한 통일촌, 해마루촌, 대성동 마을 3개 마을의 행정업무를 총괄하는 군내면 출장소. 출장소 옆 건물은 통일촌 부녀회에서 운영하는 '부녀회 식당'이다.

한편, 이곳 파주시 민통선 북쪽으로는 민간인 마을이 이곳 통일촌 말고도 두 곳이 더 있다. 여기서 동쪽으로 진동면에 위치한 〈해마루촌〉과 비무장지대 내에 위치한 대성동 마을이 그것이다. 이 3개의 마을가운데 전쟁 이전부터 현재까지 지속되어 오고 있는 곳은 비무장지대 내에 있는 대성동 마을이며, 통일촌과 해마루촌은 각각 1973년과 2001년에 조성된 마을이다. 마을의 역사로 보면 대성동 마을은 전쟁 전에 있었던 마을이 없어지지 않고 현재까지 계속되고 있는 마을이며, 해마루촌은 전쟁 전에 있었던 마을이 전쟁으로 없어졌다 2001년 뒤늦게 다시 만들어진 마을이다. 그러니까 이 두 마을의 역사는 전쟁 전으로 거슬러 올라가는 마을들이다. 하지만 현재 민통선 내 가장 큰 마을인 통일촌은 본래 마을이 없었던 곳에 분단이 된 뒤 새로 생긴 마을인 것이다. 즉 분단되지 않았다면 생겨나지 않았을 마을인 것이다.

현재 파주시 민통선 내부에는 4개의 면(군내면, 장단면, 진동면, 진서면)이 있고, 거기에는 3개 마을이 존재하지만 모두 하나로 묶어 군내면 출장소가 이곳 통일촌에 설치되어 통합관리하고 있다. 모든 마을의 세대를 합쳐도 260세대에 불과하기 때문이며, 출장소가 통일촌에 위치한 이유는 3개 마을 가운데 가장 큰 마을이며 접근성이 제일 용이하기 때문이다.

〈민통선-DMZ 마을현황〉 2007.7.1 현재

마을명	위치	입주시기	인구	세대	경작면적	농가당 경작면적	가구당 평균소득
통일촌	민통선	1973년	465명	150세대	2.44㎢	2.62ha	4,500만 원
해마루촌	민통선	2001년	155명	52세대	0.82㎢	3.03ha	4,000만 원
대성동	비무장지대	전쟁 전	190명	58세대	4.83㎢	9.29ha	6,700만 원

그런데 민통선은 일반인들의 출입이 엄격히 제한된 곳이라는 특수성으로 인하여 역설적으로 이러한 출입제한이 다른 한편에서 이곳 민통선 마을들을 하나의 관광상품으로 만들어 놓았다. 특히 지난 냉전시기 광범

위한 반공교육의 체험장으로 이용되었던 것이다. 이러한 모습은 탈냉전 시대를 맞이하여 남북 화해와 협력 속에 통일을 그리고자 하는 이 시대에 아직도 그 대안을 제대로 찾지 못하고 여전히 관성적으로 지속되고 있는 것이 현실이다.

그리고 이러한 안보관광이란 이름의 명소로 자리잡은 이곳 통일촌에는 외부인들을 위한 모든 시설(휴게소, 식당, 구판장, 부동산중개업소 등)이 집중되어 있다. 군내면 출장소 옆에 위치한 부녀회식당의 경우 통일촌 마을 부녀회에 의해 운영되고 있는데, 도라전망대, 제3땅굴, 판문점 등 묶어 견학하는 파주시 '안보관광' 참가자들로 하루에도 수백 명씩 찾아와 성업을 이룬다.

◀ 관광차량에서 관광객들이 내려 통일촌 부녀회식당으로 들어가고 있는 모습.

재미있는 것은 이 식당을 여러 번 가보았지만 단 한번도 메뉴가 바뀐 적이 없었다. 이곳에 오는 손님들이 항상 다르기 때문에 1년 365일 밑반찬 조차 변함이 없어도 영업에는 아무런 문제가 없는 혜택받은 식당이기도 한 것이다. 이곳 식당의 이익금은 연말에 각 세대에 수백만 원씩 다시

재분배된다고 이곳 마을 사람은 전한다. 일종의 이익배당금이라고나 할까? 이처럼 이 식당을 통하여 고용창출과 이익배당이 동시에 이루어지고 있는 것이다.

◀ 365일 변치 않는 통일촌부녀회 식단의 모습. 하지만 방문객들에게는 장단콩의 구수한 된장과 신선한 야채가 별미다.

이 마을은 여타의 마을들과 비슷해 보이면서도 한편에서는 이 땅의 분단으로 인한 수익구조를 갖고 있는 슬픈 마을일지도 모른다는 생각이 들었다. 따라서 통일을 바라는 것에 대하여서는 누구도 부정하지 않지만 그것이 현실 속에서 통일로 이르는 길에는 의견대립을 보게 되는 것이다.

일례로 2007년 가을 민통선 내에서 농사를 짓고 있던 한 50대 농민이 있었는데 이 사람은 민통선 내에 집이 있지 않아 출퇴근하며 농사를 짓고 있었다. 일명 출입영농을 하고 있었던 것이다. 그런데 이러한 출입영농의 불편함을 해소하고자 그는 자신의 농지에 농가주택과 창고를 짓겠다며 제출한 건축허가 신청에 대하여 군(軍)의 동의가 이뤄지자 통일촌 주민들의 반대가 거세게 일어났다. 이로써 이 농민이 파주시에 제출한 건축허가 신청은 반려되는 일이 벌어진 것이다. 참고로 파주는 거의 모든 지역에서 건축을 하기 위하여서는 군(軍)과 시청의 승인 둘 다 있어야 가능하다.

당시 통일촌 이완배(55) 이장은 "통일촌을 비롯한 민통선지역의 땅은 대부분 외지인이 갖고 있기 때문에 한번 주택허가가 나면 이후 우후죽순으로 전원주택이 들어설 우려가 있다."고 반대의사를 말했지만 그것보다는 자신들의 이권이 축소되거나 사라질 것을 우려했던 것으로 보여진다. 나는 이곳에도 다른 곳처럼 원하는 누구나 평화롭게 살아갈 것을 꿈꾸며 하루라도 빨리 민통선이라는 것이 사라져야 한다고 생각한다. 그러나 이처럼 경제적 이권 앞에서 현실이 거대하게 저항하고 있는 모습을 보니 약간 씁쓸해진다.

식당에서 점심 식사를 마치고 다음 장소를 옮기기 전에 자판기에서 커피 한 잔을 뽑아 들고 부녀회식당 앞에 설치된 실향민을 위한 망배단 앞에 서서 눈앞에 펼쳐지는 전경을 바라보았다. 부녀회식당이 이곳 통일촌에서 가장 높은 자리에 위치해 있기에 아래로 펼쳐지는 논밭이 한눈에 들어오며 그 논밭을 지나 약 1km쯤 좌측으로는 도라산 역이 보인다. 또 그 주변에는 확장되는 남북경제교류를 위하여 물류기지 건설이 한참이었다. 그리고 저 멀리 정면에 위치한 작은 산이 보이는데 이곳은 이후 돌아보게 될 도라산이다. 그곳 정상에는 도라전망대가 있어 북녘 땅이 한눈에 펼쳐진다.

(3) 〈경의선도로 남북출입사무소〉에서 보여지는 이율배반

통일은 지금 현재진행형

나는 민통선 마을 〈통일촌〉을 빠져 나와 북쪽 방향으로 약 3백 미터쯤에 있는 삼거리에서 좌회전하여 도라산역 방향으로 움직였다. 삼거리에서 약 7백 미터쯤 가서 나타나는 것은 마치 고속도로 톨게이트 같은 차량검문소이다. 그리고 그 좌측으로 〈경의선도로 남북출입사무소〉가 자리잡고 있었다. 개성공단 등 북으로 가는 모든 인력 및 차량은 이곳 남북출입사무소에서 수속을 밟고 출입하고 있는 것이다.

또 바로 그 옆에는 〈도라산물류센터〉가 위치해 있으며, 물류센터 옆으로는 〈경의선철도 남북출입사무소〉가 있는 도라산역사가 자리하고 있다. 이곳 도라산 아래는 많은 남북협력 관련기관들이 빼곡히 자리하고 있었다. 이러한 정부기관뿐만 아니라 그 주변으로는 〈도라산 평화공원〉이 넓게 조성되고 있었다. 이제 이곳 도라산 일대는 지난 과거 냉전과 대결의 최전선에서 그야말로 남북경제협력의 최전선으로 탈바꿈한 것이다. 그야말로 '격세지감(隔世之感)'이란 사자성어는 이런 곳에 쓰이기 위하여 존재하는 것이 아닌가 할 정도로 6 · 15공동선언 이전과 이후는 너무도 달라진 것이다.

▲ 안내도 가운데 맨 아래 부분이 〈경의선도로 남북출입사무소〉이며 정가운데 부분이 〈도라산물류센터〉이다. 또 우측이 도라산 역이며, 우측 상단 부분이 〈도라산 평화공원〉이다.

이처럼 통일의 최전선에서 가슴 벅참을 느끼며 하나하나 살펴보기로 하자. 먼저 우리는 여기서 이곳의 명칭을 유의해 볼 필요가 있다. 〈남북'출입국' 사무소〉가 아니라 〈남북'출입' 사무소〉이기 때문이다. 여기서 '나라 국(國)' 자가 빠진 것은 지난 1991년 남북기본합의서 서문에서 "남과 북은 서로 다른 국가가 아니라 통일을 지향하는 특수한 관계"라고 하여 1국론에 따르고 있기 때문에 '출입국'과 같은 2국론에 근거한 표현을 쓰지 않기로 합의했기 때문이다. 그렇기 때문에 이곳을 통하여 북으로 드나드는 것은 나라와 나라 사이를 넘나드는 '출입국(出入國)'이 아니라 잠정적으로 그어진 경계를 넘나드는 '출입경(出入境)'이 되는 것이라고 한다.

▲ 경의선도로 남북출입사무소. 현재 개성으로 가는 모든 차량 및 인원은 이곳을 통하여 북으로 넘어갈 수 있다.

　이처럼 하나하나의 단어에도 우리가 통일로 가는 길에서 세심한 배려가 있어야 한다는 것을 새롭게 느껴보며 차에서 내려 남북의 경제협력과 인적 교류가 활발하게 진행되는 현장에 좀 더 가까이 가보기로 하였다. 제일 먼저 우리를 맞이하는 〈경의선도로 남북출입사무소〉를 둘러보기로 하자.

그 주변은 지난 2007년 제2차 남북정상회담 이후 개성공단을 통한 남북경협의 활성화에 대비하여 〈도라산물류센터〉 준공식(2007.12.10)을 거행하고 남북의 활발한 교류를 준비하고 있었다. 그야말로 이곳은 통일을 위한 준비에 여념이 없는 듯해 보인다. 지난 시절 '민통선' 하면 우리는 긴장과 대결을 떠올렸지만, 이제는 남쪽 사회에서 통일맞이를 준비하는 가장 활기찬 모습을 보려면 이곳에 와야 한다고 할 정도로 새롭게 변화하고 있는 모습을 하루가 다르게 느낄 수 있는 곳이다. 이제 이곳은 분열과 대립의 역사에서 공존과 공영을 통해 조국의 통일과 번영을 만들어 가는 터전이 된 것이다.

▲ 지난 2007년 12월 10일 준공된 〈도라산물류센터〉. 물류센터가 준공되고 바로 다음 날인 12월 11일은 제2차 남북정상회담에서 합의된 문산-봉동 간 화물열차 개통식이 있었다(사진 통일뉴스).

지난 노무현 전 대통령의 제2차 남북정상회담의 역사적 육로방북은 바로 이 경의선도로 남북출입사무소를 지나 북으로 이어지는 도로였던 것이며, 평소에는 이곳을 통해서 매일같이 개성공단으로 수많은 차량과 사람들이 들락거리는 것이다.

이미 수많은 남측 사람들이 서울에서 개성으로 출퇴근을 하고 있으니 '이것이 통일 아닌가' 라는 생각이 든다. 이러한 작금의 현실 앞에서, 지난 1988년 방북하여 김일성 주석과 면담하고 돌아와 수많은 사람들 앞에서 "통일은 이미 됐어~!"라고 크게 외치셨던 문익환 목사의 말이 떠오른다. 이곳은 문 목사의 말처럼 이미 통일이 되었다는 생각을 해 본다.

남북교류, '반입 · 반출' 인가? '수출입' 인가?

얼마 안 있어 이 땅의 곳곳에서 통일의 환호성이 크게 울릴 것 같은 기대 속에 나는 남북출입사무소의 내부에 들어가 보았다. 깔끔하고 훤하게 설계된 건물이 좋아 보였다. 내부에 들어가 일반인들에게 접근이 허용되는 이곳 저곳을 둘러보았다.

그런데 나는 밖에서의 기대와는 달리 약간의 의문점이 드는 시설을 보았다. 남북을 오갈 때 검사 받는 곳이 있었는데 그곳은 수하물 엑스레이 검사대 등 마치 인천 국제공항처럼 외국으로 출입국 할 때 볼 수 있는 여러 첨단 장비들을 볼 수 있다. 이러한 모습은 이곳 경의선 남북출입사무소뿐만 아니라 동해선 남북출입사무소에서도 마찬가지이다. 금강산여행을 경험해 본 사람이라면 이곳 경의선 남북출입사무소의 모습을 상상할 수 있을 것이다.

▲ 남북 사이에 반입·반출되고 있는 물품을 검사하기 위한 설비들로 실질적으로 인천국제공항에서 볼 수 있는 장비와 동일한 것이다. 이처럼 정치적으로 '반입·반출'이란 표현과 달리 실질적으로 외국과의 거래에 적용되는 법규가 적용되고 있다.

우리는 이러한 최첨단 설비 앞에서 조금만 논리적으로 생각해 보면 뭔가 이상하다는 생각을 하게 될 것이다. 그럼 남북으로 물품이 오가는 것은 반입·반출이 아니라 수출입이란 말인가? TV뉴스에서는 아나운서가 항상 남북 간의 거래에 대하여 보도를 할 때 '반입·반출'이라고 하지 '수출입'이란 말은 사용하지 않는다. 반입·반출이라면 그냥 검사 없이 수화물이 이동할 수 있어야 정상적인 것 아닌가? 반입·반출이란 1국가 내부에서 상품 등이 이동하는 개념으로 관세청 관할이 아니라 국세청 관할이어야 맞지 않은가? 예컨대 서울 사람이 제주에서 감귤 100박스를 사와도 운송수단만 있으면 그냥 옮겨오고 그것에 대하여 국세청이 과세를 하면 되는 것이지, 관세청이 나서서 그것에 대하여 관세를 부과하거나 또 뭔가 복잡한 통관절차를 거치지 않는 것이다.

하지만 우리가 금강산 관광만 가더라도 돌아올 때 북에서 사가지고 올

수 있는 물품은 공식적으로 종류뿐만 아니라 수량도 제한되어 있다. 예컨대 술은 한 병, 담배는 한 보루만 사가지고 돌아올 수 있다. 마치 우리가 해외여행에서 국내로 돌아올 때 인천공항에서 통관절차를 거치는 것과 똑같이 적용되고 있는 것이다.

그리고 그 관할주체도 국세청이 아닌 관세청에서 주관하고 있는 것이다. 남북접촉을 규율하는 총론 격인 '남북기본합의서'와 각론에 해당하는 해당 적용법규의 내용이 서로 다르게 움직이고 있는 것이다. 남북출입사무소 홈페이지(http://blog.naver.com/uni_chulip)에도 '기관소개'란 메뉴에 들어가 보면 '출·입경 절차'라는 소항목에 "출·입경 절차는 해외여행 시 인천공항에서 밟는 출입국 절차와 똑같은 절차"라고 규정되어 있고, 단지 "출입국이라는 용어 대신 출입경이라는 용어를 사용하는 이유는 남북 간의 관계는 국가 간의 관계가 아닌 내국 관계로 보기 때문"이라고 한다.

남북교류, 대외교역법 적용의 비효율성

이러한 이율배반적인 행동을 일개인도 아닌 국가기관이 저지르고 있는 것이다. 이것은 단지 방북 여행객들에 대한 개인적 불편함만을 초래하는 것이 아니라 현재 점차적으로 증가하고 있는 남북 간 경제협력 등에서도 그 제약요인으로 작용하고 있다. 그러한 문제점과 그것이 가져오는 비효율성은 경제학적 지식이 없는 일반인 누구나 상상이 가능하다.

현재 남측 건설현장에서는 북측의 모래 사용이 급증하고 있는데, 이는 국내 서해안에서의 모래채취가 환경보호 등의 이유로 2003년부터 전면 금지되었기 때문이다. 물론 중국 등 다른 나라에서도 모래의 수입이 가능하지만 운송비 등으로 인하여 북에서 모래를 채취해 사용하는 것보다 훨씬 비싸기 때문이다. 이러한 건축자재시장의 현실로 인하여 현재 연간 20만구 정도에 달하는 수도권 아파트 건설 물량 가운데 약 80~90%가 북측 모래인 것이다. 나머지 10~20%는 낙동강을 비롯한 국내산 강 모래를 쓰고 있지만, 대구 등 일부 지방에 국한되고 있다. 2006년 한해만 보아도 북으로부터 반입된 모래는 총 1천만㎥의 규모라고 한다. 이리하여 수도권 바다모래 공급량의 60% 이상을 북측의 모래가 차지하고 있는 것이 남측 건설현장의 현실인 것이다. 이렇게 남측 건설현장에서 사용되는 북측의 모래 대부분은 황해도 해주 인근에서 채취된 모래로 서해에서 인천항을 통하여 들어오고 있다.

하지만 이러한 북측 모래의 반입은 이곳 민통선 안에서도 볼 수 있는데, 개성 근처의 사천강에서 퍼내고 있는 모래는 이곳 경의선 도로를 통해 남쪽으로 운송되고 있는 것이다. 그런데 상식적인 수준으로 볼 때 이것이 2국간 성립하는 수출입이 아니라 1국 내의 이동이라는 반입·반출이라면 모래가 채취되는 곳에서 바로 건설현장으로 옮겨져 그곳에 내려놓으면 바로 건설에 쓰여질 것이다. 하지만 현실은 그렇지 못하고 있다. 이곳 남북출입사무소에서 약 5백 미터쯤 떨어진 곳에 커다란 공터가 있고 그곳에는 매일같이 북쪽에서 모래를

▲ 개성 사천강에서 채취되어 남쪽으로 반입되는 모래가 통관절차를 위해 놓여지는 '서울세관 보세구역 장치장소'로 곳으로 반입·반출이란 말의 뜻과 실제가 다르게 적용되고 있음을 쉽게 알 수 있는 곳이다.

채취하여 남쪽으로 나르는 대형 화물트럭들이 사천강에서 적재한 모래를 이곳 공터에 내려놓고 있는 것이다. 그 이유는 외국과의 거래처럼 통관절차를 거쳐야 하기 때문이다. 이곳 사천강의 모래반입의 경우 북에서는 오직 모래가 퇴적되어 있는 장소만을 제공해 주고 있으며 남쪽의 차량과 장비 그리고 인력이 들어가 채취해 오고 있는데 군사분계선을 넘어서 또다시 통관절차를 밟아야 된다는 사실이 도무지 이해되지 않는다.

남북 간의 거래가 1국내 반입, 반출임에도 불구하고 이 공터의 입구 간판에는 "이 지역은 서울세관 보세구역의 장치장소입니다. 이 지역에 물품을 반출입하고자 할 경우에는 세관장에게 신고를 하여야 하며, 출입을 하는 사람은 세관장의 명령을 준수하여야 합니다."라고 쓰여져 있다. '세관'이란 외국과의 거래에서 수출입을 관할하는 곳이다. 이것은 분명히 서로 다른 나라가 아니라고 약속한 남북기본합의서 서문에 배치되는 것이다. 이러한 현실 앞에 무엇이 옳은지 우리는 헷갈린다. 물론 이러한 복잡한 절차를 거쳐야 함에도 불구하고 중국 등에서 수입해 오는 것보다 저렴하고 시간이 덜 들기 때문에 북의 모래를 사용하지만 진정한 '반입'으로 이런 통관절차마저 생략된 채 바로 건설현장으로 간다면 비용과 시간 등 모든 것에서 이익일 것이다.

이처럼 남북 간의 거래는 법적으로는 민족내부거래로 규정하고 있음에도 불구하고 일반적인 대외교역에 관한 제한들이 그대로 적용되고 있어서 근거리 교역이라고 하는 남북거래의 장점을 제대로 살리지 못하는 경우가 많고, 오히려 거래 비용이 높아지고 있으므로 그 절차를 간소화하는 것이 필요하다. 이제는 광범위하게 활성화되어 가고 있는 남북 간의 여행 및 교역 등에 걸맞게 모든 것들이 새롭게 바뀌어야 된다. 그리고 그러한 변화는 그저 작은 몇 개가 아닌 통일을 대비한 근본적인 변화가 되어야 할 것이다. 지난 2007년 10월 4일 있었던 노무현-김정일 양 정상의 〈남북관계 발전과 평화번영을 위한 선언〉 제2항의 다음과 같은 약속에 기대해 보자.

"남과 북은 남북관계를 통일 지향적으로 발전시켜 나가기 위하여 각기 법률적·제도적 장치들을 정비해 나가기로 하였다."(제2차 정상회담 선언문 제2항)

(4) 북으로 가는 첫 번째 기차역 〈도라산역〉

▲ 경의선 마지막 역이 아닌 북으로 가는 첫 번째 역 '도라산역'으로 지붕이 남과 북이 다정히 손을 맞잡은 모양으로 설계되어 있다. 뿐만 아니라 물결모양으로 우리 민족의 역사가 끊임없이 이어져 내려옴도 함께 표현했다고 한다.

경의선도로 남북출입사무소 바로 옆에는 지난 2002년 완공된 도라산역이 있다. 남측 지역에서 임진강 이북에 있는 유일한 기차역이다. 이 역사는 민통선 내부에 있어서 다른 경의선 역사와 달리 1일 3회 기차가 이곳까지 운행되는데 보통 경의선 기차를 타고 임진강 역까지 오면 그곳에서 약간의 수속절차를 밟고 기차는 다른 기차로 바뀌어 들어오고 있다. 임진강 역에서 이곳 도라산역까지 운행하는 전용열차가 따로 있는 것이다.

〈경의선의 슬픈 역사와 복선화 계획〉

비무장지대 장단면에서 폭파된 채 버려진 기차 사진과 "철마는 달리고 싶다."라는 말은 분단의 상징으로 널리 알려져 왔다. 이렇게 끊겨진 경의선에 대하여 좀 더 살펴보았다.

경의선은 러일전쟁이 발발하자 일본의 강요에 그 부설권을 강탈당하였다. 철도부설권을 빼앗은 일본은 군인과 군수물자를 수송하기 위해 공사를 급속도로 진행. 실제 답사도 하지 않고 5만분의 1지형도로 위치를 설정하고 측량하였으며, 하루 평균733m를 건설하여 733일 만에 완공한다. 1911년 11월 압록강 철교의 개통으로 조선-만주 간이 철도로 연결되고 각 열차의 운행을 만주 안동까지 연장하고 서울 남대문과 만주 장춘 사이를 주 3회씩 직통열차가 운행됨으로써 유럽과 아시아를 연결하는 국제철도의 일환이 형성되게 된다. 그리고 이후 2차 대전이 확대됨에 따라 일제는 1938년부터 대륙침략을 위해 경의선 복선공사를 시작 1943년5월 평양-신의주 간의 복선이 완공됨으로써 식민지수탈과 대륙침략에 최대한 활용하게 된다.

현재 서울-도라산 간 경의선 구간의 복선화 공사가 진행 중이며 2009년에 완성될 예정이다. 하지만 경의선 복선화는 이

▲ 1943년부터 복선이었던 경의선 철길은 분단의 상처에 하나만 이용되고 나머지 하나의 철길은 통일을 기다리고 있을 뿐이다(임진강역과 도라산역 사이 문산천 위 경의선 철길).

미 65년 전인 1943년 일제시대 때 완성된 것이다. 우리는 임진각 자유의 다리에서 본 경의선 철교도 하나만 철길이 놓여져 있고 그 옆은 철길이 없이 교각만 서있는 것을 보았다. 이것은 전쟁 당시 파괴된 상태에서 더 이상 복구하지 않고 그대로 둔 것이다. 이처럼 이미 전쟁 당시에도 경의선은 복선화되어 있었던 것이다. 따라서 2009년이 되면 경의선을 복선으로 확대 건설하는 것이 아니라 분단 이전의 상태로 복구 시켜놓는 것이 된다.

이처럼 우리에게 통일이란 새로운 것으로 확대가 아니라 모든 것을 정상화 시켜놓는 것에 불과할 지도 모른다는 생각이 든다. 그동안 너무 오랜 세월을 비정상적인 분단구조 속에서 살아와 너무도 그것에 익숙해져 버렸는지도 모른다. 하지만 우리에게 통일은 관성화되어 버린 불구를 정상적인 상태로 회복시켜 놓은 것이다. 그렇기 때문에 우리에게 통일논의는 결코 전혀 다른 두 개의 국가가 하나로 합치는 과정이 아니라, 본래 하나였던 것으로 회복하는 것에 불과한 것이다. 이 말은 너무도 당연해 보이지만 이러한 관점의 차이가 현재 통일논의에 있어서 커다란 차이를 가져오고 있는 것이다.

도라산역사 건물이 참 아름답게 설계되어 있다. 이 역사는 남북 분단의 현실을 극복해 나가는 과정을 함축하며, 서로의 마음을 열고 부드럽게 접근하여 하나로 결합해 가는 모습을 형상화한 것으로 통일을 염원하는 겨레의 물결을 표현했다고 한다. 또 수평선의 중립과 지붕곡선의 조화로운 대비로 건축적 예술을 구현했으며, 세계무대로 진출하는 교두보로서의 밝고 진취적인 이미지를 구축했다고 소개하고 있다. 한편 여기 문화해설사들은 도라산역사의 아름답고 웅장하게 건설된 역사의 지붕은 남북이 굳게 두 손을 잡고 있는 모양으로 설계된 것이며, 여기에 더하여 물결무늬로 분단상황에서도 남북은 계속 이어져 왔음을 형상화한 것이라고도 한다.

이처럼 역사의 아름다움에 역사적 의미를 더해 주며 그 입구에는 길이

가 약 10미터쯤 되는 넓은 철판 위에 이 경의선 철길이 남과 북을 잇는 역사적인 일이 빨리 일어나기를 기원하며 경의선 건설에 침목구매에 기부한 사람들의 이름이 깨알같이 하나하나 소중하게 쓰여져 있다. 또 역사 주위에는 대통령을 비롯한 유명 인사나 단체들의 기념식수가 즐비하다.

그런데 이것들을 보는 순간 아쉬움을 느꼈다. 지난 2007년 6월 3일 이곳 도라산역 앞마당에서 통일운동에 온몸을 바치신 문익환 목사의 시비가 세워지기로 하였던 것이다. 문익환 목사기념사업회 '통일맞이'에서 추진한 것인데, 이는 통일부로부터도 허가를 받은 것이었다. 그런데 시비가 모두 제작되어 바로 이곳에서 그 행사가 거행되기 불과 2~3일 전에 육군 제1사단 본부에서 불허방침을 내린 것이다. 그래서 아직도 문익환 목사 시비는 그것이 세워질 장소를 찾지 못하고 의미 있는 곳에 세워지기를 기다리고 있는 것이다. 어떠한 근거로 불허되었는지 자세히 알 수 없었지만 왠지 아쉬운 것만은 사실이다.

이런 아쉬움을 접고 도라산역사 내부로 들어가 보았다. 여타의 역사들과는 달리 이곳 도라산역사에서만 볼 수 있는 몇 가지가 있다. 그 가운데 이곳 방문객들에게 가장 인상에 남게 하는 것은 다름 아닌 '평양방면 타는 곳'이란 표시일 것이다. 역사 로비로 들어서자마자 정면 상단에 보이는 이 글귀를 보는 순간 나도 울컥하는 감정을 수습하느라 혼났다. 그래 여기서 평양이 200km 남짓이라지. 명절 때마다 전쟁을 치르면서 가는 부산이나 광주의 절반 정도 거리밖에 안된다. 비록 지금은 자유로이 갈 수 없는 곳이지만 그래도 '평양방면 타는 곳'이라는 안내가 아직도 왜 이렇게 가슴 설레게 하는지 모르겠다. 서울역에서도 '평양방면 타는 곳'이라는 출구가 얼른 생기는 날이 오기를 빌어본다. 그런데 '서울에서 평양까지'라는 노래가 언제 불리기 시작했는지는 가물가물하지만 노래가 처음 불려질 때는 택시요금 2만 원이라고 불렀는데, 그런데 지금은 얼마일까?

더 이상 요금이 인상되기 전에 길이 뚫리고 서로 왕래할 수 있도록 철책선이 거두어지기를 빌어본다.

　로비에 들어서 '평양방면 타는 곳'을 바라보고 들뜬 기분을 추스린 후, 역사를 찬찬히 돌아보았다. 입구 바로 우측에는 2002년 2월 20일 이곳 도라산역을 방문한 미국 부시대통령이 김대중 전 대통령과 나란히 찍은 사진이 걸려 있고 그 아래는 양국 정상의 축하 글이 쓰여진 경의선 침목이 전시되어 있었다. 이 침목 위에는 부시 대통령의 글 "May this railroad unite Korean families"(이 철도가 한반도 가족들을 합쳐주기를 기원한다)가 쓰여져 있었다. 또 전시침목 그 옆에는 당시 부시 대통령이 이곳에서 이야기한 연설문이 쓰여져 있는데, 이곳 연설에서도 방한 한 달 전 미의회 연두교서에서 악의 축으로 지목했던 북에 대하여 그런 공격적인 언어도 삼가 했으며, "북을 침략하지 않겠다."고 까지 선언했다.

▲ 도라산 역에 방문하여 경의선 철도침목에 서명하는 부시 대통령의 모습.

이렇게 북미관계가 좋게 진전된다면 얼마나 좋겠는가? 하지만 부시 대통령 방한 3주 뒤에 미국의 새로운 '핵태세검토보고서(NPR)'에서는 침략하지 않겠다던 북을 선제공격대상에 포함시켰으며, 또 그해 10월 제임스 켈리 국무부 동아태담당 차관보가 방북하여 '아무런 증거도 제시하지 않은 채' 북이 핵무기개발을 위하여 고농축우라늄을 다량 보유하고 있다며, 1994년 클린턴정부 때 합의한 북미 제네바합의(북은 영변 핵 시설을 동결하고, 미국은 이에 대하여 중유지원과 경수로핵시설을 건설해 주기로 한 합의)를 파기함으로써 제2차 북핵위기를 발생시킨 것이다. 이러한 미국의 이중적 태도에 정말 무슨 말이 진심일까 우리는 헷갈릴 수밖에 없다. 하지만 이런 북미관계의 대립의 역사가 어찌되었든 최근 북미관계는 앞으로도 많은 우여곡절이 있겠지만 상당히 진전되어 가는 것 같아서 나는 마음이 놓인다.

이렇게 도라산 역사 내부를 돌아보고 열차승차권 판매소에서 입장료 500원을 내고 철길로 들어가 보았다. 철길을 밟아보는 데 500원? 왠지 묘한 생각이 든다. 굳이 정부기관에서 이렇게까지 할 필요가 있나 싶지만 그래도 북으로 이어지는 가장 가까운 철길이니 안 들어가 볼 수 없어 어쩔 수 없이 입장료를 내고 들어가보았다.

지하통로로 연결되어 도착한 도라산역 플랫폼에 올라서면 이 철길이 유라시아 대륙의 여러 철길들과 어떻게 이어지는지 그림으로 자세히 설명되어 있다. 또 부시 대통령의 침목서명행사 사진이 이곳에도 걸려 있고 당시의 상황처럼 침목이 쌓여져 있어 현장감을 더해 준다. 이렇게 플랫폼에 설치된 시설들만으로는 만족하지 못하고 나는 위험을 무릅쓰고(?) 통일의 철길로 뛰어 들었다. 철길 위에 서서 내가 밟고 있는 이 철길이 끊김 없이 북으로 이어져 개성-평양-신의주로 이어질 뿐만 아니라 중국으로 시베리아로 나아가 유럽대륙까지 갈 수 있다니 생각만으로도 가슴이 설렌다. 그날이 멀지 않았음을 확신하기에 어서 기차를 타고 시베리아로 여행갈 준비를 해야 할지 모르겠다.

〈남북철도연결의 장애물 - 하늘색 표지판 속의 하얀 글씨〉

도라산역 철길 위에서 들뜬 기분에 통일세상을 맘껏 그려보고 주차장으로 나와 저 멀리 북쪽 개성방향을 쳐다보니 약 100~200미터쯤 전방에 터널이 있고 그 앞에 철책이 가로막고 있었다. 그 철책의 북쪽은 비무장지대임을 알리는 것으로 우리는 더 이상 북쪽으로 갈 수 없는 것이다. 그 철책 앞에는 우리가 더 이상 북쪽으로 갈 수 없음을 알리는 하늘색 표지판이 나지막이 세워져 있었는데, 그 표지판에는 "귀하는 지금 유엔사군사정전위원회가 관할하는 비무장지대로 진입하고 있는 중임"이라고 쓰여져 있었다.

▲ 경의선도로의 비무장지대로 이어지는 남측 통문 출입구에 표시된 DMZ 유엔사 관할 표시 안내판. 사진 속의 안내판 좌측으로는 도라산역이 있고 우측으로는 남측 통문이 있다. 이곳부터는 대한민국 대통령도 유엔사 승인하에서만 출입이 가능하다.

이곳에 오기 전에 비무장지대의 정치·군사적 의미에 대하여 학습하였기에 이 글이 갖고 있는 의미가 무엇인지 잘 안다. 그리고 이 글의 의미는 대한민국 국민들 모두가 알아야 할 만큼 우리 통일의 역사에 중요한 사항이다. 그럼 이 문구가 우리에게 어떠한 역사적 의미를 갖고 있는 것이며, 실제적으로 어떻게 문제가 되고 있는지 살펴보자.

이 철길을 통하여 지난 2007년 5월 17일 남쪽 열차가 군사분계선을 넘어 북의 개성으로 운행되었다. 2000년 7월 31일 제1차 장관급회담에서 경의선 철도연결을 합의하고 우여곡절 속에서 7년 만에 기차가 남에서 북으로 운행된 가슴 벅찬 날이었다. 당시 탑승자들은 통일기를 흔들고 '우리의 소원은 통일'을 합창하며 그 흥분을 감추지 못했다.

하지만 그것은 왜 7년 전에 합의한 사항임에도 불구하고 항구적 연결이 아닌 일회적 연결로 그친 것에 대하여 우리는 깊이 생각해 보아야 한다. 남쪽 정부는 이미 2006년 2월에 '철도와 도로 개통에 관한 군사보장합의서' 초안을 북에 제시하였고 이 문제가 남북 장관급회담에서 팽팽히 맞서다 남측 정부의 제안인 '항구적' 안전보장이 아닌 '잠정적' 안정보장으로 합의되어 결국 북의 의사대로 일회용으로 합의된 것이다.

남측은 항구적 군사보장을 지속적으로 요구하는데 왜 북은 그것을 꺼려하면서 자꾸 뒤로 미루는 것일까? 철도연결사업에 대하여 남측이 적극적인 의지를 드러내는 반면, 북측은 소극적인 태도를 보이고 있는데, 그것을 좀 더 깊이 들여다보면 그 문제는 바로 정치·군사적 문제가 결부되어 있기 때문이다. 이 문제를 정확히 파악하지 못하면 군사보장합의에 있어서 남측의 적극적인 태도에 대하여 왜 북측은 소극적인 태도를 취하는가를 알 수 없게 된다.

많은 언론에서는 이러한 문제의 핵심을 파악하지 못하고 그저 북측 군부에서 군사보장합의에 반대하고 있어 남북철도연결이 어려운 것이며, 그것을 볼 때 철도연결에 적극적인 김정일 국방위원장이 북측 군부를 장악하지 못하였으니 등의 소설에 가까운 기사가 나오고 있는 것이다. 하지만 이러한 기사는 남북관계에 외국군이 끼어 있으며, 이것은 북이 그토록 강력히 주장하는 '자주권'과 관련된 문제라는 것을 제대로 파악하지 못하는 데서 나타나는 현상인 것이다. 이러한 사실을 외면한 채 막연히 남북철도연결을 감상적 측면에서만 접근하면 이번 통일기행의 참다운 의미를 찾지 못하는 것이기에 이 문제를 좀 더 자세히 보기로 하자.

철도연결사업에 걸려있는 정치·군사적 문제는 한마디로 말하면, 남북관리구역에 대한 관할권의 행사 문제이다. 우리 정부 및 언론사들은 이 문제에 대하여 침묵하고 단지 철도연결의 감성적 측면만을 부각시키고 있어 일반인들은 쉽게 이 문제를 보지 못하고 있는 것이다.

남북 철도가 연결되는 지점은 비무장지대 안에 위치해 있고, 비무장지대 안의 남측 지역에 대한 관할권은 미군이 유엔사의 이름으로 행사하고 있다. 유엔사가 관리구역 통행에 대한 관할권을 행사한다는 말은, 남북의 열차가 유엔사 사령관으로부터 허가를 받아야 관리구역을 통행할 수 있다는 뜻이다. 이것은 남북 관리구역의 통행에 대한 군사보장조치를 취하는 법적 주체도 당연히 유엔사 사령부로 된다는 뜻이다.

하지만 2002년 9월 17일 남과 북은 합의서에서 경의선 철길을 중심으로 폭 250미터의 통로를 남북관리구역으로 설정하였다. 이에 "남북 관리구역들에서 제기되는 모든 군사실무적 문제들은 남과 북이 협의, 처리한다."고 정하였던 것이다. 이로써 북측은 남북관리구역이 2002년 9월 17일 남북이 채택한 합의서에 의해서 설정되었고, 그 구역에서 제기되는 모든 군사실무적 문제들을 남북이 협의하여 처리하기로 합의하였으므로 주한미군사령부는 관리구역의 통행문제에 개입하지 말라고 주장하고 있다. 반면에 미군은 남북 관리구역도 정전협정의 규정을 받는 비무장지대의 일부이므로 주한미군사령관이 여전히 관리구역 통행에 관할권을 행사해야 한다고 맞서고 있다. 즉 미국은 남북 합의서를 무시하고 남북관리구역의 통행에 대한 허가권과 군사보장조치 발동권을 여전히 자신들의 권한하에 놓겠다는 것에 다름 아니다.

이러한 이유로 지난 2007년 5월 17일 역사적인 남북 철도연결 시험운행에서 우리의 기차가 군사분계선을 넘는 역사적 장면을 못 보고 그저 남방한계선, 철책을 넘는 장면 그러니까 남쪽 땅에서 유엔사 관할 구역인 비무장지대로 넘어가는 장면만을 볼 수 있었던 것이다. 당시 시험운행열차가 군사분계선을 넘는 장면을 현장에서 취재하려는 남측 기자들이 정부에 사전 요청하였고, 정부는 이를 받아들여 주한미군사령부에 제기하였으나 묵살당하고 말았기 때문에 우리 기자단은 군사분계선이 아닌 남방한계선에서 촬영할 수밖에 없었던 것이다.

이러한 정치·군사적 대립이 아직도 완전히 해소되지 못한 까닭에 북은 열차운행에 따르는 군사보장조치에 소극적인 것이다. 하지만 우리 언론사들은 이러한 핵심적인 문제에 대하여서는 일체 언급을 하고 있지 않고 그저 경의선 연결이 가져오는 경제적 측면만을 크게 부각시키고 있는 것이 현실이다. 현실적으로 제2의 한국전쟁이 정전협정에 의해서 억지되는 것이 아니라 실제적 군사력으로 억지되고 있는 상황에서 정전협정은 남북관리구역의 자유로운 통행을 가로막는 법적 효력을 발생시키고 있는 것이다. 따라서 정전협정을 평화협정으로 대체하여야 남측 정부가 유엔사로부터 남북관리구역 통행에 대한 허가권 및 군사보장조치 발동권을 넘겨받을 수 있고, 그렇게 해야 남북이 자주적으로 교류하고 왕래할 수 있는 것임을 지난 남북 시험운행열차를 통해 알 수 있었다.

이처럼 경의선 연결에 있어서 핵심적 문제는 정치·군사적 문제인데 지난 남북 철도 시험운행이 있었던 날 남측 관계자들은 철도연결을 경제협력문제로만 생각하고 있다는 것은 그들의 연설에서 그대로 나타나고 있었다. 2007년 5월 17일 남측 문산역에서 열린 남북 열차시험운행 기념행사에서 통일부 장관 이재정은 "한반도를 하나로 연결하는 종합적 물류망을 형성해 남북경제공동체 형성과 민족경제의 균형적 발전에 기여하고 항구적인 평화체제를 만들어야 할 것"이라고 말했으며, 같은 시각 북측 금강산역에서 열린 기념행사에서 건교부 장관 이용섭은 "한반도에서 유럽대륙까지 철의 실크로드 시대가 열리면 물류비용이 줄고 수송기간이 단축돼 한반도는 유라시아와 태평양을 연결하는 물류거점으로 세계 경제의 중심으로 도약할 수 있을 것"이라고 말했다. 또한 청와대 대변인 역시 "남과 북의 철길이 열리면 평화가 열리고 경제가 열린다."고 논평하였다.

한편, 남측 문산역에서 열린 기념행사에 참석한 북측 내각 책임참사 권호웅은 축사에서 "이제 저 렬차는 민족의 념원과 지향을 안고 통일의 리정표를 향해 달릴 것이며, 앞으로도 북과 남이 몰고 가는 통일의 기관차가 민족중시, 평화수호, 단합실현의 궤도를 따라 달릴 수 있도록 모든 노력과 성의를 다할 것"이라고 밝혔다. 북측 금강산역에서 열린 기념행사에서 철도상 김용삼은 "북녘의 금강산역을 떠나는 동해선 시험운행렬차는 남녘의 제진역에서 멈춰서게 되지만 멀지 않은 앞날에 삼천리 강토를 내달리는 통일렬차가 될 것"이라고 말했다. 이처럼 북쪽 당국자들은 그것을 통일문제로 연결시키고 있었던 것이다. 기념식에 앞서 환담을 나누는 자리에서 이재정 통일부장관은 철도연결이 "남북이 함께 이뤄낸 위대한 승리의 역사가 아닌가 생각한다"고 말했을 때, 권호웅 내각책임참사는 "아직까지 위대하다는 말을 붙이지 마시라"고 응수하였다. 이러한 시각차이에는 남북관리구역에 대한 관할권의 행사주체가 누구인가와 그것을 바라보는 관점의 차이가 존재하기 때문인 것이다.

(5) 〈도라산〉의 남북에 펼쳐지는 분단과 통일

 도라산역에서 북쪽으로 바라보면 바로 앞에 작은 산이 하나 보인다. 그것이 우리에게 잘 알려진 도라산이다. 해발 156m의 작은 이 산은 아마도 우리가 알고 있는 여러 유명산 가운데 가장 낮은 산이지 않을까 생각된다. 이 작은 산이 유명하게 된 데에는 분단보다는 통일로 가는 과정에서 도라산 주변이 점차 민간인에게 개방되면서 그 이름이 널리 알려졌기 때문일 것이다. 그 정상에서는 도라전망대가 있어 그곳에 올라서면 비무장지대와 그 건너 북녘 땅이 펼쳐져 있으며 저 멀리 개성공단과 개성시 그리고 그를 둘러싸고 있는 송악산이 한눈에 들어온다. 이제 그곳 도라전망대로 발길을 옮겨보자.

도라산(都羅山)의 유래

도라산은 신라 마지막 임금인 경순왕에게서 유래된 1천 년 이상의 역사를 갖은 유서 깊은 곳이다. 경순왕은 신라의 국력이 쇠퇴하고 민심이 고려에 기울자 군신회의를 소집하고, 고려에 귀부하기로 결정하고 935년 고려 송도에 찾아가 태조에게 항복하였다.

고려 태조 왕건은 송도까지 찾아와 항복한 경순왕에게 자신의 딸인 낙랑공주를 아내로 맞게 해 주었고, 이후 낙랑공주는 나라를 잃은 경순왕의 우울한 마음을 달래주기 위해 지금의 도라산 중턱에 암자를 짓고 그가 머물 수 있게 해 주었다. 경순왕은 조석으로 이곳에 올라 신라의 도읍을 사모하는 눈물을 흘렸다고 한다. 이러한 슬픈 망국의 사연을 후대에 알리고자 도읍을 의미하는 도(都)자와 신라의 나라이름에서 따온 라(羅)를 합쳐 '도라산(都羅山)'이란 명칭이 생긴 것도 이때부터라고 한다.

그 뒤 경순왕은 고려 경종 3년에 사망하여 현재 파주시와 연천군의 경계인 고랑포 뒷산 골짜기에 안장되었다. 결국 경순왕은 죽어서도 자기가 태어나 자라난 옛 신라의 땅에 묻히지 못한 슬픈 임금이 되었던 것이다. 이리하여 신라 임금의 묘를 신라 도읍 경주에서 북쪽으로 멀리 떨어진 이곳 임진강 북쪽 기슭에서도 볼 수 있는 것이다.

▲ 경순왕릉비에 드러난 총탄 자국은 전쟁 중 발생한 것인지 바로 옆 스토리사격장에서 날아든 유탄의 흔적인지 모르지만 신라 망국의 한에 더하여 그 슬픔을 더해 준다.

도라전망대에서 보여지는 분단과 통일

　도라전망대에 오르기 위하여서는 산 아래 작은 초소가 있어 그곳의 검문을 거쳐야 오를 수 있는데 좀 전에 도라산역과 남측 통문 사이에서 보였던 비무장지대임을 알리는 하늘색 표지판이 이곳 도라전망대 입구에도 서있었다. 이것을 통해 도라전망대가 남방한계선의 북쪽 비무장지대 안에 위치해 있다는 것을 우리는 알 수 있다.

　정전협정 규정에 따르면 동해에서 서해에 이르는 248km의 비무장지대에는 군인, 민간인 모두를 합쳐 1천 명 이상 들어갈 수 없다. 따라서 도라전망대의 위치가 비무장지대임을 고려할 때 그곳에 방문하는 인원만으로도 1일 1천 명 이상이므로 정확히 말하면 이것 역시 정전협정 위반이 되는 것이다. 제3땅굴 역시 남방한계선을 넘어 비무장지대 안에 위치해 있다.

　이처럼 우리의 한반도를 전쟁으로부터 지켜주고 있는 것은 정전협정이라는 문서가 아니라 서로의 전쟁 억지력이라는 무력에 근거해 있는 것이 현실이다. 현재 정전협정문에서 지켜지고 있는 것은 오직 군사분계선 밖에 없다고 하여도 과언이 아닐 만큼 그것에 의한 평화유지가 위태로운 것이다.

　초소를 지나 순식간일 만큼 짧은 거리의 도라전망대에 올라서서 군인 해설사의 음성ARS처럼 판에 박은 듯한 설명을 듣고 망원경이 설치되어 있는 전망대 옆 마당으로 나와 북녘 땅을 바라보니 전 세계 그 어느 산 정상에서 바라본들 이처럼 슬픈 광경이 있을까 하는 생각에 나의 가슴은 한없이 착잡해진다.

　더 이상 갈 수 없다는 현실로 망연함에 빠졌다가 이내 마음을 추스르고 전망대에서 오른쪽에 위치해 있는 판문점 방향으로 눈을 돌려 보았다. 남측 대성동 마을의 태극기와 북측 기정동 마을의 인공기가 서로 힘을 겨루듯 마주 바라보며 펄럭이고 있다. 그 주위로 넓게 펼쳐진 비무장지대는 유엔에 자연생태보존지역으로 신청하자는 말이 나오고 있을 정도로 생태의 보고이다. 그렇다면 이곳을 보고 있는 나의 머리 속에는 '비무장, 자연, 평화' 등의 어휘가 떠올라야 하지만 왠지 나의 머리 속에는 '중무장, 지뢰, 전쟁' 등의 어휘가 먼저 그려지고 있는 것이다. 이것이 아마 지난 반세기 넘게 우리 사회를 짓눌러온 분단의 현실일 것이다.

하지만 이러한 슬프고 긴장된 현실이 2000년 6·15선언을 기점으로 크게 변화하고 있으며, 그러한 변화의 모습을 이곳 도라산 위에 오르면 가장 확연히 볼 수가 있다. 전망대에서 우측에 보여지는 판문점 방향에서 시선을 좌측으로 돌려 개성공단 방향을 바라보면 전혀 다른 세계가 열리고 있음을 우리는 볼 수 있다. 도라산 아래 남쪽 땅 위에 펼쳐진 남북출입사무소, 도라산물류센터 등에서 느꼈던 통일을 만들어가는 역사적인 장면을 도라산 북쪽 방면에서도 똑같이 느낄 수 있는 것이다. 판문점 방향으로 보여지는 광경이 '냉전과 긴장 등 분단이라는 과거의 모습'이라면, 개성공단 방향으로 펼쳐지는 광경은 '탈냉전과 화해 등 통일이라는 미래의 모습'인 것이다.

분단과 냉전의 흔적인 비무장지대를 당당하게 가로질러 북쪽으로 열려 있는 경의선 도로가 보이는데 그것은 바로 제2차 정상회담을 위해 방북한 노무현 대통령이 걸어서 군사분계선을 넘었던 그곳이다.

그 길의 끝은 남북 화해의 상징이며 통일경제의 미래상인 개성공단이 있었고, 그 개성공단 뒤로는 우리나라 최초의 통일국가인 고려의 수도 개성을 둘러싸고 있는 송악산이 선명하게 보인다. 풍요의 상징인 임신한 여인

이 머리를 풀어헤치고 가슴에 손을 얹고 편안히 누워있는 듯한 송악산의 그 모습은 우리의 통일조국의 모습을 보는 듯해서 기분이 좋았다. 개성이 가까운 것이야 우리가 지도 책을 펴보면 알지만 그래도 이렇게 가까이에 개성공단이 펼쳐져 도라전망대에서 한눈에 볼 수 있다니 놀랍기 그지없다.

▲ 개성시 뒷편에 자리하고 있으며 임신부가 편안히 누워 있는 자태를 하고 있어 어머니의 산, 풍요의 산으로 불리우며, 그 남쪽 아래에는 우리에게 '황성옛터'로 알려진 고려왕궁터 만월대의 흔적이 남아있어 지난 2007년 5월~6월, 2개월간 남북 역사학자들이 공동으로 발굴조사를 하였다(사진 이영천).

이곳 도라전망대에서 한눈에 보여지는 개성공단을 보며 들뜬 기분을 추스리고 이 개성공단이 우리 통일의 역사에서 어떠한 의미를 차지하고 있는가를 되새겨 보았다. 개성공단이 단지 남북 양측의 경제적 효과(이익)만을 위한 것이 아니라, 동시에 우리가 앞으로 만들어 나아가야 할 남북 경제공동체의 실험장으로서의 역할과 과제가 동시에 부여되어 있다는 것을 알아야 한다.

당시 2000년 남측 정치가들은 북이 남북경제특구로 개성을 선택하리라고는 누구도 생각하지 못했었다. 왜냐하면 38선이 대치선이었던 전쟁 당시에는 철원-포천 회랑이 서울과 가장 가까웠지만 현재는 개성-문산을 통해 훨씬 빠르게 서울에 닿을 수 있기 때문에 이 지역이 북으로서는 가장 주요한 공격루트이기 때문이다. 반대로 수세적 입장에서도 개성은 평양으로 가는 핵심 교두보다. 고속도로로 연결되어 있는 개성-평양은 자동차로 두 시간 남짓 거리이며 전력이 집중되어 있는 개성 지구와 황해도 일대의 저지선이 무너지면 평양까지는 그야말로 무주공산이기 때문이기도 하다.

이 일대를 경제특구로 개방하면서 이 부근에 주둔해 있던 인민군 6사단, 64사단, 62포병여단 등이 송악산 이북과 개풍군 일대로 옮겨졌다고 한다. 개성공단 예상부지 총 2천만 평 가운데 특히 1단계 사업부지는 6사단의 주요부대 위치와 상당부분 일치한다. 이로 인하여 6사단의 4개 보병연대는 송악산 이북의 산악지역과 개풍군 지역으로 옮겼고, 이와 함께 직할인 전차대대와 장갑차대대 그리고 고사포대대, 경보병대대 등도 자리를 비웠다. 이 지역에서 더 이상 군인들의 집단활동을 찾아볼 수가 없게 된 것이다. 이러한 인민군 재배치는 군사분계선 코앞에 집중되어 있던 지상군 전력을 철수해 개성을 비워놓고 대신 송악산-오공산-진봉산으로 이어지는 개성 주변부 산악지역 뒤편으로 옮긴 것이다.

한마디로 개성은 군사도시로서의 기능을 완전히 포기한 셈이다. 거리상으로는 10~15㎞ 남짓에 불과한 변화지만 기습가능성을 생각하면 매우 중요한 의미가 있다고 보아야 한다. 북측 입장에서 기존의 배치보다 10분 이상 공격이 지연되는 셈인데 초 단위로 전개되는 이 지역의 군사밀도를 감안하면 지상전 개전 초기 승패를 좌우할 수 있는 변동이다. 거꾸로 한미 양국 군이 북상할 경우 아예 개성을 내주고 전투를 시작하는 것이라 할 만큼 방어 차원에서는 엄청난 변화인 것이다. 입장을 바꾸어 보면 파주시 문산읍을 내주고 그 이남 쪽에 1사단 병력을 배치한 꼴이다.

▲ '개성국제자유경제지대'는 사진 속에서 개성공업지구와 개성시를 모두를 포함하며 총 2천만 평에 이른다(사진-개성공업지구관리위원회 홈페이지).

또한 현대아산이 북과 합의한 바에 따르면 특구지역의 행정권은 상당부분 남측 인사들에게 위임된다. 개성 구 시가지 400만 평을 포함해 총 2천만 평에 이르는 규모는 경남 창원시 만한 크기이며, 이곳의 행정권 가운데 개성 구 시가지를 제외한 나머지 지역의 행정권은 '중앙특구개발지도총국'이 맡게 되는데 이 지도총국의 관리하에 경제행정을 전담할 '관리기구'가 대부분 남측 인사들 위주로 구성될 예정이다.

북의 입장에서 행정권의 상당부분을 남측 인사들이 맡는 지역, 남측 사람들이 수시로 드나들 지역 내에 주요 군사시설을 놔둘 수는 없는 노릇이다. 주변지역도 부담스럽기는 마찬가지다. 이와 같은 군사적 지형의 변화를 고려하면 북으로서 개성공단의 개방이란 엄청난 결단인 것이다.

개성공단, 통일경제공동체로서의 의미

이처럼 개성공단은 그것이 갖고 있는 통일사적 의미를 차치하고 개성공단이 가져다 주는 정치·군사적 의미만을 놓고 보더라도 이를 두고 '퍼주기'라고 말하는 보수세력의 논리는 지극히 정략적인 것임을 알 수 있다.

▲ 개성공단의 경제적 효과.

한국은행 금융경제연구원이 2004년 발표한 '개성공단 조성의 경제적 효과분석'이란 보고서에 의하면 2011년 3단계에 걸쳐 조성되는 개성공단 조성사업이 끝나면 남측 경제의 연간 부가가치는 24조 원 정도 늘어나고, 북측 경제는 7천억 원 정도의 수입을 올릴 것이라고 예상하였다.

그리고 이러한 예측은 한국은행뿐만 아니라 여타의 거의 모든 경제연구소들이 추측한 개성공단의 경제효과 분석에서 동일하며, 이에 따르면 모두 그 효과가 남측이 훨씬 크다는 것을 알 수 있다. 따라서 남측의 보수세력들에 의하여 제기되고 있는 개성공단에 대한 '퍼주기'라는 논리가 얼마나 비과학적 분석이며, 정략적인 공격인가를 알 수 있다.

또한 우리가 경계해야 할 논리는 이처럼 지극히 정략적인 보수 반공세력의 맹목적 반북 논리뿐만이 아니다. 개성공단을 포함한 제반의 남북경제협력을 바라보는 데 있어서 그것을 향후 통일된 나라의 민족경제공동체의 실험장으로서의 역할과 과제적 측면을 바라보지 않고 그것이 가져다 주는 경제적 효과에만 초점을 맞추는 경향이 있다.

우리에게 있어서 21세기 최대의 화두인 '통일'을 생각할 때 우리가 건설해야 할 통일조국의 경제구조는 오랜 기간 동안 남의 자본주의와 북의 사회주의가 공존하는 민족통일국가로 될 수밖에 없을 것이다. 하지만 이것은 말이 그렇지 결코 쉽지 않은 인류역사상 앞선 경험이 전혀 없는 완전히 새로운 과제인 것이다. 양 체제가 공존하면서도 하나의 통일된 민족경제체제를 구축해 나가는 과정은 무한한 창조성이 요구되는 새로운 길이며, 많은 시행착오와 난관이 가로 놓여 있는 것이다. 그렇다고 결코 포기할 수 없는 일이다. 이것은 우리가 피할 수 없는 역사적 과제이며, 그 길만이 남과 북 모두가 살아남을 수 있는 유일한 길이기 때문이다.

이러한 시각에서 개성공단이라는 경제특구는 민족경제공동체를 건설하기 위한 시범지구로 접근해야 하는 것이다. 이를 단순히 남측 과잉자본의 해외투자차원에서 바라본다든지 또는 북에 대한 시혜적 차원에서 바라본다면 우리가 바라는 통일은 관념 속에만 존재하는 것이 될 것이기 때문이다.

왜냐하면 북의 경제특구는 중국의 경제특구와 행태적으로는 비슷하지만 그 목적과 본질에 있어서 전혀 다르기 때문이다. 중국의 경제특구는 '점에서 선으로' 그리고 '선에서 면으로'라는 기본 방향에 따른 전국적 차원에서 시장경제제도를 도입하기 위한 시범지역이었다.

반면에 북의 경제특구는 자신의 사회주의 제도를 그대로 둔 채 자본주의 나라들과의 경제적 교류와 협력을 하기 위한 매개수단인 것이다. 따라서 '점에서 선으로', '선에서 면으로' 라는 방향성을 갖지 않으며 자신의 사회주의와는 구별되는 섬과 같은 특징을 지니고 있다. 이러한 관점에서 경제특구는 자본주의 나라들과 경제교류와 협력을 최대한으로 보장하기 위해 과감하게 자본주의 방식으로 운영하려는 것이다.

북은 "개성공업지구 건설을 연방제통일을 염두에 둔 남쪽 경제 배우기 및 통일경제(민족경제)의 길 모색이라는 거대한 실험을 시작한 것"이며 이로써 최고인민회의는 "개성공업지구의 성격을 '민족경제' 라는 단어로 특징"지었다. 만일 개성공단을 오직 경제적 측면에서만 바라본다면, 그것은 뒤집어 경제적으로 효과가 크지 못하면 남북경제특구는 존재할 수 없고, 이것이 확대되어 남북경제협력 또한 자기의 설 자리를 잃게 된다. 민족의 통일을 경제적 측면만으로 접근하는 것은 통일과업에 있어서 상당히 위험한 시각인 것이다.

역사적 과업으로서의 통일을 경제적 관점으로 접근한다면 그러한 통일 논리는 과거 식민지 종주국이었던 일본과도 통일할 수 있다는 논리가 성립되는 것이다. 우리가 항상 잊지 말아야 할 것은 우리가 통일을 하기 위하여 경제협력을 하는 것이지, 경제협력하기 위하여 통일을 하는 것은 아니라는 사실이다. '선린·우호' 라는 어휘는 서로 다른 나라 사이에서 쓰여지는 언어이며, 남과 북 사이에서 논의되고 벌어지는 모든 행위는 '통일' 이라는 단어에 궁극적으로 귀속되어야 할 것이다.

(6) 〈제3땅굴〉, 이제는 어찌해야 할 것인가?

개성공단을 통해 통일 후 민족경제를 희망찬 기대 속에서 그려보았다.

이제는 도라산전망대를 내려와 초소 앞 삼거리에서 좌회전하여 아스팔트 길을 따라 약 1㎞ 정도밖에 안 되는 거리에 위치한 제3땅굴로 향했다. 서울에서 가장 가까운 땅굴로 지난날 냉전과 반공의 상징으로 기능해 온 곳이다.

제3땅굴 역시 남측 비무장지대 내에 위치해 있어 남방한계선을 넘어 들어가야 한다. 그곳으로 차량이 이동하는 가운데 남방한계선을 지날 때 즈음 낮은 언덕을 깎아 길을 평탄하게 만든 것처럼 좌우로 약 10미터 내외의 벽이 있고 그 사이로 지나게 되는데, 남쪽에서 보면 낮은 언덕처럼 보이지만 그 뒤편인 북쪽에서 바라보면 약 5~10미터 높이의 콘크리트 탱크방벽이 수직으로 건설되어 있다. 이러한 탱크방벽이 남방한계선을 따라 248㎞ 거의 전역에 걸쳐 만들어져 있다니 놀라운 일이다.

지난 전쟁 당시 인민군 탱크부대에 크게 놀란 남측이 전후 곳곳에 건설한 것은 바로 탱크방벽이라고 한다. 반면에 북은 미군 폭격기에 의하여 제공권을 완전히 장악당하면서 전후 북녘 땅 곳곳에 만들어진 것은 제반 지하시설이라 하니 전쟁이 가져다 주는 손실이 얼마나 큰지 우리는 이곳을 지나며 느낄 수 있다.

〈남의 탱크방벽과 북의 지하시설〉

남측은 1950년 전쟁 때 북의 탱크공격에 크게 당하여 이후 정전협정이 체결되고 그 뒤로부터는 군사분계선 주변 곳곳에 탱크방벽을 건설하였다. 민통선 내부에는 제3땅굴을 가면서 육안으로 확인할 수 있듯이 남방한계선을 따라 248㎞ 거의 전역을 탱크방벽으로 구축해 놓았으며, 이는 남북 화해의 상징인 경의선 도로 역시 예외가 아니라 그 입구인 남측 통문 역시 생태다리 형식으로 만들어져 유사시 탱크방벽으로 사용할 수 있도록 만들어 놓았다.

또한 최근 도라산역과 남북출입사무소 사이에 건설된 도라산물류센터의 한가운데로 석포천이라고 하는 아주 작은 실개천이 흐르고 있다. 장마 중에도 발목을 넘지 못하는 개천이지만 그 개천 양 옆으로는 수 미터 높이의 둑방이 만들어져 탱크방벽의 역할을 할 수 있도록 건설되었다. 그냥 물이 지날 수 있는 관을 설치하고 그 위를 덮는다면 넓은 부지가 더 생길 수 있는 그런 공간인 것이다.

이러한 탱크방벽은 비단 남방한계선 부근에만 존재하는 것이 아니라 서울을 벗어나면 서부터 남방한계선까지 탱크 이동로로 사용될 만한 주요도로 예컨대 자유로, 통일로 등 이런 도로 주변에는 모두 설치되어 있다. 특히 남방한계선에 가까이 있는 파주, 고양시 등에는 일반시민들이 봐서는 쉽게 알 수 없으리만큼 조그만 야산이나 실개천 둑방 등 곳곳에 콘크리트 탱크방벽이 만들어져 있다.

▲ 민통선 내 허준묘에서 전진교 쪽으로 흐르는 개천을 탱크방벽으로 이용하기 위하여 둑방을 높게 쌓은 것.

▲ 2007년 12월 10일 도라산역 앞에 대규모로 건설된 '도라산물류센터' 앞에 흐르는 개울(석포천)을 이용한 탱크방벽.

▲ 월롱역 뒤 온천인 금강산랜드 옆. 이곳은 군사분계선으로부터 약 20km내외 떨어진 민간인 거주지이지만 마을 야산입구에 구축해 놓은 탱크방벽으로 이러한 광경을 파주시에서는 곳곳에서 찾아 볼 수 있다.

한편, 전쟁 당시 한반도에 떨어진 폭탄 수는 2차 대전 때 투하되었던 것보다 더 많았고, 또 그것의 대부분은 북녘 땅에 투하되었다. 이러한 미군의 대규모 무차별 공습으로 인하여 100만 명이 넘는 인구가 사망하였을 만큼 크게 피해를 보았던 북은 전후 수많은 지하시설을 건설하게 된다.

평양의 지하철이 세계에서 가장 깊은 100~150미터 지하에 건설되어 있고 이것은 전시 공습에 대비한 것이라는 것을 우리는 잘 알고 있다. 또한 사진에 보여지는 북의 묘향산 국제친선전람관은 공습과 그로 인한 화재에 대비해 목조건물처럼 보이는 전람관 입구의 건물조차 나무 하나 안 쓰고 돌로 건축되었으며, 또한 약 22만 점에 이르는 엄청난 전시물들이 모두 지하 200여 개의 방 속에 전시되고 있다. 이러한 전람관의 모습에 대하여 로스엔젤레스 타임지(2005.11.25)는 "요새화된 전시장"이라고 보도하였을 정도로 기이한 건축양식인 것이다.

"하나의 갱도는 10개의 핵폭탄보다 효과적이며, 요새화된 현 전선을 극복하는 최적의 수단"이란 김일성 주석의 말 속에서 북이 미군의 공습에 대해 얼마나 큰 두려움과 그에 대한 대응을 준비하고 있는가를 알 수 있다.

▲ 묘향산 국제친선전람관. 사진 속에 보이는 전통양식의 전람관 건물은 전람관의 입구이며 200개가 넘는 전시실은 모두 지하에 건설되어 있다(사진제공 통일뉴스).

이처럼 냉전과 남북대립의 유물인 탱크방벽을 지나 비무장지대 내에 있는 제3땅굴에 도착하니 많은 관람객들로 붐비고 있었다. 지난 냉전시대 반공의 대명사로 일컬어졌던 '남침땅굴'은 탈냉전의 현재에도, 그리고 남북의 정상이 두 번이나 만나 악수를 하고 술잔을 함께 기울이고 있는 데도 여전히 반공교육에 있어 최후의 보루처럼 남아있는 것이다.

안전모를 쓰고 어두운 땅굴 속으로 내려가 한참을 걸어갔다 돌아왔다. 그나마 이곳은 제1, 제2 땅굴보다 훨씬 커서 보행에 불편이 상대적으로 적기는 했지만 여전히 허리를 굽혀야 머리를 부딪히지 않고 안전하게 걸을 수 있어서 힘겹기는 마찬가지였다.

현재 파주시에서 대대적으로 행하고 있는 '안보관광'은 도라산역-도라산전망대-제3땅굴 견학으로 구성되어 있는데 도라산역의 경의선 연결의 기쁨과 도라산전망대에서 보여지는 개성공단을 통한 남북경제협력에 대한 희망도 마지막 코스인 이곳 제3땅굴에 들어오는 순간 다시 냉전적 사고에서 휩싸이고 말게 된다.

시대적 흐름과 어긋나 관성적으로 행해지고 있는 이러한 땅굴견학의 모습을 비판하기 전에 흔히 북의 남침전략의 증거로 통용되고 있는 '땅굴'이라는 것에 대하여 간단히 살펴보기로 하자. 현재 발견된 총 4개의 땅굴가운데 바로 지금 우리가 서있는 이 제3땅굴에 대하여 살펴보자.

이곳 안내소에 있는 설명서에 의하면 귀순한 노동당 연락부 안내원 김부성 씨가 1972년부터 갱도 작업을 했다는 첩보로 땅굴탐지 4년 만인 1978년에 발견했으며, 굴을 뚫기 위한 장전공의 방향이 모두 남쪽을 향하였으며 또한 땅굴이 3/1000도 정도 북으로 기울어져 물이 자연스럽게 북측으로 흐르게 되어 있었다고 한다. 따라서 이것은 분명한 북의 남침땅굴이라고 주장한다.

　그 규모는 완전 무장한 군인 4명이 동시에 지날 수 있어 1시간에 3만여 병력을 이동시킬 수 있는 위협적인 것이라고 한다. 이러한 공식적인 설명에 우리 남측 국민들은 당시 경악과 분노를 금할 수 없었던 것이다.

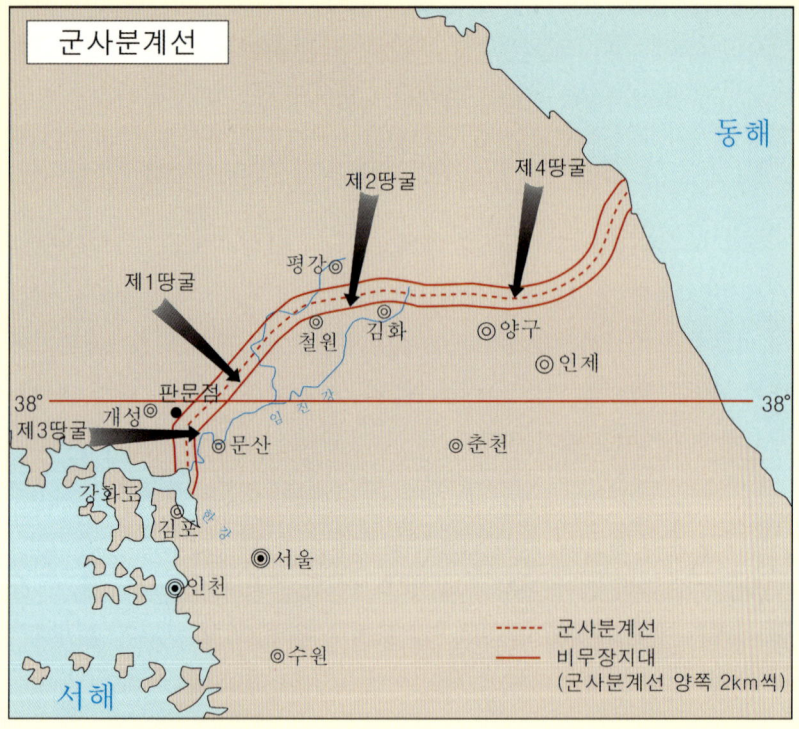

▲ 현재 유엔사에 의해 공식적으로 발표된 북의 '남침 땅굴'은 모두 4개로서 모두 유엔사 관할지역인 남측 비무장지대 내에서 발견되었다.

　이러한 안내에 따른 놀라움에도 불구하고 여기서 나는 몇 가지 의문을 가져본다. 하지만 이러한 의문은 확신할 수 없는 상황이기에 그저 의문에 그칠 뿐임을 미리 밝혀둔다.

당장에 제3땅굴을 직접 가본 사람이라면 누구나 알 수 있지만 정부발표처럼 '완전 무장한 군인 4명이 동시에 지날 수 있는' 그런 규모가 아니다. 아무런 무장도 안하고 출입하는 일반인 조차 2명 이상 나란히 걸어가기 쉽지 않다. 하지만 이런 현상적인 것은 일단 논외로 하더라도 이해하기 어려운 부분이 몇 가지 있다.

첫째, 왜 모든 땅굴은 비무장지대 안에서 발견된 것일까? 그저 우연일 뿐인가? 비무장지대는 앞서 설명하였듯이 유엔사 관할지역으로 대한민국 주권이 미치기 위하여서는 여러 절차와 유엔사의 동의를 얻어야 하는 복잡한 곳이다. 따라서 땅굴에 대한 보다 광범위하고 전문적인 조사를 하는 데 많은 제한이 따르는 곳이다.

둘째, 땅굴탐사를 위하여 비무장지대 안으로 탐사장비나 굴착장비를 가지고 들어가려면 군사정전위에서 유엔사는 북측과 합의하지 않으면 안 된다. 따라서 탐사 시추공을 박는 단계부터 북측이 지하에 대한 탐사라는 사실을 모를 리 없다.

셋째, 유엔사 탐사팀이 역갱도를 파고 들어갔을 때 많은 물이 북으로부터 흘렀고 이를 갱도가 발견되자 북이 작업을 방해하기 위하여 사천강물을 끌어들인 것 같다는 추측을 했다. 하지만 이것은 북이 지하수배수를 위하여 땅굴의 기울기가 북쪽으로 기울어져 있다는 유엔사의 발표와 모순되는 것이다.

이러한 상식적인 의문을 제기해 보는 가운데 나는 2001년 9월 11일 전 세계를 경악케 했던 오사마 빈라덴의 미국에 대한 자살폭탄테러 사건이 제3땅굴 사건과 교차되어 떠오른다. 9·11테러 사건으로 미국은 물론 전 세계가 경악했으며, 이로써 미국 부시 대통령은 테러와의 전쟁을 선포하고 곧 아프가니스탄을 공격하였다. 뿐만 아니라 그 뒤 북과 이란 그리고 이라크를 '악의 축'으로 지목하고 가장 허약한 이라크를 침공하는 등 세계를 또다시 놀라게 하였다.

하지만 그 뒤 이 9·11테러 사건은 조작이라고 주장하는 여러 서적이 출간되고 또 인터넷상에서 떠돌며 의문을 제기한 〈Loose Change 9·11〉이란 영상물이 다시금 세계인들로 하여금 어느 누구의 말이 옳은지 헷갈리게 하였다.

여기서는 제3땅굴의 진위를 따지는 것이 목적이 아니며, 또 그것은 어쩌면 화해, 협력의 시대에 걸맞지 않은 것일지도 모른다. 그것이 누구의 잘못이든 3년간의 전쟁으로 수백만 명이 희생까지 치르고도 이제 그것을 잊고 화해, 협력하며 하나가 되자고 하는 판에 땅굴이란 작은 과거로 인해 미래로 나아가지 못한다면 이것이야 말로 수구세력이 되고 마는 것이다. 나는 이런 냉전과 반공의 상징이었던 땅굴에 대하여 자꾸 지난 과거에 머물러 미래로 나아가지 못하는 어리석음을 버리고 이제는 이것의 미래의 모습은 어떠할까 수많은 상상의 나래를 펼쳐 보았다.

누가 팠건 이왕 파져 있는 땅굴을 보다 크고 넓게 파서 국군과 인민군들이 모든 무기를 버리고 서로 만나 신나게 춤판을 벌이며 놀 수 있는 그런 공간이었으면 좋겠다. 이곳이야말로 군사분계선이라는 표지판도 없고, 또 비무장지대에 잡초처럼 널려져 움직이는 물체를 노려보고 있는 지뢰도 없는 그야말로 진정한 비무장지대가 아니런가.

이런 생각을 하니 우리에게 '비무장지대 만세'를 외치며 그것에 대한 새로운 발상을 안겨주었던 문익환 목사의 〈비무장지대〉란 시가 생각난다. 여기 그 시를 옮겨 놓으며 비무장지대 내부에 위치한 판문점으로 가기 위하여 그곳 출입을 관할하는 유엔사 JSA 경비대대인 캠프 보니파스로 발길을 옮겨본다.

<비무장지대> - 문익환

비무장지대는 무기를 가지고는 못 들어가는 곳이라
우리는 총을 버리고
군복을 벗고 들어간다.
막걸리 통들만 둘러메고 들어간다.
너희도 따발총 버리고
계급장 떼고 들어오너라
말을 걸어붙이고 말씨름이나 해볼까
모랫벌을 만나면 씨름판이나 벌여볼까
멧돼지를 잡아라
바가지로 막걸리를 돌리며
멧돼지 고기를 뜯어라
여군들은 치마저고리를 입고 나오너라
40년 묵은 나뭇가지에
그네를 매볼테니 힘을 겨루어라
날씬한 허리 용수철로 튀었다 펴며
푸른 하늘을 밀어올려라
아아아아아 비무장지대
너희는 백두산까지 밀어붙여라
우리는 한라산까지 밀고 내려가리라
비무장지대 만세 만세 만세

(7) 판문점으로 가는 길, 〈캠프 보니파스〉

▲ 판문점 공동경비구역(JSA)를 관할하는 유엔사 소속 캠프 보니파스 입구.

　제3땅굴에서 유엔사 소속 JSA 경비대대인 캠프 보니파스까지는 5~10분 정도밖에 안 걸렸다. 판문점으로 들어간다는 것이 우리 사회에서 얼마나 특별하고 또 긴장 속에서 가슴 뛰는 일인지 누구나 알 것이다. 그것은 판문점이라는 곳이 한반도에서 분단의 특수성이 가장 예리하게 관철되는 곳이기 때문일 것이다. 하지만 그곳에 나타나고 있는 분단의 특수성과 슬픔이 구체적으로 무엇인가에 대해서는 그리 많이 알지 못한다.

　제일 먼저 판문점, 좀 더 정확히 표현하면 '공동경비구역 남측 지역'이란 곳은 북도 아닌 남쪽의 내 나라 땅임에도 불구하고 국군이 아닌 외국군에게 방문하기 60일 전부터 방문신청을 해야 한다는 것부터 참 특별하다는 생각과 함께 민통선을 통과하여 판문점을 견학하는 순간순간 이런저런 모멸감이 사람을 더욱 슬프게 한다.

최근 통일문제에 있어서 북과의 관계로 인하여 문제가 되고 있는 헌법 제3조 영토조항에 의하면 "대한민국의 영토는 한반도와 그 부속도서로 한다."고 하였는데, 북녘 땅이야 그렇다고 치고 어찌 이곳 판문점에서조차 제대로 적용되지 못하고 있는 것이 아닌가 하는 생각이 든다.

이곳은 내국인(1980.1)보다 외국인(1970.5)에게 먼저 개방된 곳이며, 또 그곳에 가기 위해서는 국정원에 신청을 하지만 국정원은 신원조회 등의 업무를 처리하는 것이고 그렇게 검사된 견학신청 명단은 유엔사에 넘겨져 그곳에서 최종적인 출입허가를 받아야 한다. 이러한 출입절차는 이곳 판문점이 위치한 곳이 유엔사 관할지역인 비무장지대 내에 있기 때문이다. 이러한 출입절차는 헌법상 국군통수권을 갖고 있는 대한민국의 대통령도 예외는 아니다. 얼마 전 노무현 대통령이 육로 방북을 위하여 유엔사에 출입신청서를 제출하고 절차상 유엔사가 그곳의 통과를 허가한 것도 이러한 이유 때문이다.

이렇게 어렵사리 통과절차를 거쳐 판문점을 방문하기 위해서 들려야 하는 첫 번째 장소는 캠프 보니파스라는 유엔사 JSA경비대대이다. 이 부대는 우리에게 영화 〈공동경비구역 JSA〉으로 널리 알려졌는데, 유엔사 소속 한국군 이수혁(이병헌)과 북의 인민군 오경필(송광호)이 체제와 제도를 뛰어 넘는 민족애를 다룬 영화로 당시 이전 기록을 갱신하며 최대의 관객을 동원한 명작이다. 이런 이유에 의해서인가 나 역시 이곳 캠프 보니파스 방문을 앞두고 군부대로 들어간다는 느낌보다는 영화 속에서 보여졌던 장면들을 하나하나 떠올리며 다시금 영화필름을 머리 속에서 재생시키고 있었던 것이다.

한편 김대중 전 대통령의 대북특사였던 임동원 전 장관에 의하면 그와 만난 자리에서 김정일 국방위원장은 영화 〈공동경비구역 JSA〉를 우리민족의 민족애를 잘 그린 명작으로 극찬했다고 한다. 이처럼 영화 속에서는 냉전의 엄혹함 속에서도 국군과 인민군 병사의 따듯한 우정이 민족애로 그려져 우리에게 다가왔다.

이처럼 영화 〈공동경비구역 JSA〉 속에서 이수혁 병장이 근무했던 캠프 보니파스는 민통선 내에 존재하며 남방한계선으로부터 약 400미터 떨어져 3~4겹으로 된 원형철조망과 지뢰밭, 그리고 모래주머니로 쌓아 올린 기관총벙커로 둘러쳐진 견고한 부대이다. 부대 내부의 이러한 중무장은 말할 것도 없고 이곳의 입구부터 약 100미터 앞 도로는 전쟁 발발 시 온통 대전차 지뢰가 묻히도록 설계되어 있다. 이곳을 지날 때 무심코 지나면 그러한 사실을 못 느끼지만 조금만 유심히 찾아보면 바로 알 수 있다.

부대 앞 도로는 일반적 상식으로는 이해하기 어렵게 맨홀 뚜껑이 수십 개가 놓여있다. 맨홀간 거리는 1m 내외이다. 이것은 전쟁 발발 시 대전차지뢰가 묻힐 곳임을 표시해둔 것으로 맨홀 뚜껑으로 위장한 것에 불과하다. 또 이러한 대전차지뢰 주변에는 그것에 수 배가 넘는 대인지뢰가 매설될 것이다. 그야말로 지뢰밭이 되는 것이다. 이런 생각에 전쟁이 얼마나 무서운 것인가를 쉽게 느낄 수 있었다.

▲ 전쟁 발발 시 대전차 지뢰를 매설하기 위하여 맨홀 뚜껑으로 표시한 캠프 보니파스 앞 도로.

이렇게 긴장된 분위기 속

에서 뜻밖의 광경을 보게 되었다. 부대 앞 주차장에 차량을 주차하고 대기하고 있는데 바로 그곳에 민통선 밖 민간구역 어디서나 볼 수 있는 버스정거장이 있고 그 아래 의자에는 여고생쯤 되어 보이는 한 학생이 버스를 기다리며 앉아있었다. 비무장지대 대성동 마을에서 파주로 친구를 만나기 위하여 버스를 기다린다고 한다. 여느 버스정거장과 다름없는 이런 광경을 판문점으로 들어가는 이곳에서 보게 되다니 참 뜻밖이었다. 버스가 오는 시간은 예정 시간표상 거의 정확하여 이내 버스가 오고 그 여학생은 승차하여 사진에 담지 못하였다.

▲ 캠프 보니파스 정문 앞 버스정거장(JSA 부대 앞). 여기를 통해 DMZ로 들어가 대성동 '자유의 마을'까지 하루 총 4회 운행된다.

부대 앞 주차장에서 캠프 보니파스 소속 부대원이 참가자 인원점검을 하고 부대 내로 들어가게 된다. 그런데 그곳에 대기하고 있던 참관 신청자 가운데 몇몇이 음주상태라며 그들은 견학이 불가하다고 하며 그들을 따로 데리고 갔다. 왜냐하면 그들 좌석 앞에 붙어 있는 사물 보관망에 마시고 버린 맥주 캔이 있었다는 이유였다. 최종적으로 그 사람들의 판문점

견학이 무산되었는지는 잘 모르겠다.

그뿐 아니라 몇몇 사람은 복장이 인민군들을 자극할 우려가 있다고 하여 결국 다른 옷으로 갈아 입고서야 판문점으로 들어갈 수 있었다. 판문점견학을 신청하기 위한 국정원 홈페이지에서도 방문시 주의점으로 복장에 대한 주의사항이 있다. 청바지나 민소매 등 북측 인민군들을 자극시킬 만한 복장은 안 된다고 쓰여져 있다. 하지만 이러한 복장이 인민군을 실제로 자극하는지는 잘 모를 일이다. 이러한 출입의 까다로움 속에서 견학 참가자들은 자연스럽게 긴장되고 북에 대한 부정적 이미지가 성립하게 되는 것은 아닐까 걱정된다.

이렇게 어렵사리 준비사항과 점검을 거쳐 부대 안으로 들어갈 수 있었다. 물론 출발 전에 군부대 내에서 이러한 것과 별도의 판문점 방문 시 주의할 점 등을 견학경호병들에게 교육을 받게 된다. 그리고 모든 준비가 끝난 다음 그곳 군용차량으로 바꿔 타고 견학경호병 한 명과 함께 판문점까지 이동하게 된다. 영화를 통한 나의 좋은 이미지는 부대 내부로 들어와 견학경호병의 설명을 듣게 되며 자연스럽게 지워져 버렸다.

이 부대는 지난 1952년 5월 군사정전위원회 지원을 위해 「캠프 키티호크」란 이름으로 창설됐으나 1976년 8월 18일 판문점 미루나무 사건 때 죽은 미군 보니파스 대위를 추모하기 위해 1986년 부대 이름을 현재의 캠프 보니파스로 바꾼 것이다. 이곳 부대는 자신들의 역할을 1백10만 인민군 남침 통로의 첫 장벽으로 그들의 속도를 다소 늦추는 스피드범퍼의 역할이라고 농담조로 설명한다.

또 군용버스를 타고 가다 보면 부대 내에 작은 골프장이 보이는데, 그 크기가 전장 192야드의 아주 작은 한 홀(파3)짜리 골프장이라고 한다.

이곳에 미국의 스포츠잡지 기자가 와서 보고 골프 공이 지뢰밭에 떨어지면 터진다고 과장하여 "세계에서 가장 위험한 골프장"이라는 보도기사를 통해 유명해졌다. 이곳의 한 미군 중사는 이 골프장은 "진짜로 위험한 곳"이라며 "골프코스 주변은 완전 지뢰밭이고, 공이 러프에 빠지면 되찾을 생각은 말아야 한다."고 한다. 그는 400달러짜리 새 골프채를 잡고 골프채를 휘두르는 순간 손에서 빠져나가 러프에 빠졌지만 지뢰밭 러프로 들어가 골프채를 찾을 수는 없다며 아쉬워했다. 아마도 그 골프채는 우리의 통일로 이 골프장이 사라질 때까지는 되찾을 수 없을 것이라는 생각이 든다.

〈캠프 보니파스의 화학무기 보유논란〉

지난 2004년도의 이야기이기는 하지만 이 땅에서 살아가고 있는 사람이라면 분명히 짚고 넘어가야 할 사실이 있다. 지난 사실로 이야기하기에는 너무도 위험천만한 사건이었다. 당시 미 대사관과 유엔군사령부 측은 인터넷 언론과의 관계를 발전시키기 위한 적극적인 행사의 일환으로 판문점과 대성동, 유엔사경비대인 캠프 보니파스 그리고 용산 미군기지를 상세하고 자신있게 공개하고 보도를 허용했다.

여기서 참가한 인터넷 언론사 통일뉴스(www.tongilnews.com)의 이시우 기자는 캠프 보니파스 남쪽 식당 건너편에 위치한 탄약고에 3가지 표식이 부착되어 있음을 발견하고, 이를 촬영하여 미군 폭발물교범 FM4-30.13에 따라 판독한 결과 그 탄약고에 화학무기가 보관되어 있음을 추정하는 기사를 보도하였고 이 기사로 인하여 유엔사와 논쟁이 발생하였던 것이다. 이 논쟁은 서로 다른 주장이 대립되다 결국 이시우 기자는 최종적으로 서로의 상반된 주장을 입증하기 위하여 탄약고 공개를 요구하였으나 유엔사가 거부하면서 끝났다. 그 내용을 간단히 살펴보자.

탄약고 입구에 부착되어 있는 표식판은 탄약고 안에 보관되고 있는 탄약의 종류에 따라 달리 표시되는데 미군 폭발물교범 FM4-30.13에 따르면 위 사진에서 탄약고에 붙어 있는 표식판의 맨 왼쪽의 표식은 화재표식으로 대량 폭발을 일으키는 폭발물이 탄약고 안에 보관되어 있으므로 화재 시 소화작업을 단념하라는 내용을 담고 있는 표식이며, 맨 우측 표식은 화학위험도를 나타내는 표식으로 물이 탄약 위에 쏟아지는 것을 금지한다는 즉, 물 접촉금지 표시이다. 이는 탄약고 안에 물과 접촉하면 안 되는 화학무기가 있다는 것을 의미한다.

여기서 특히 문제가 되었던 것은 가운데 표식이다. 이는 화학위험도를 나타내는 표식으로 화생방 위험에 대해 전신방호복을 입어야 하는 유독성 화학물질이 탄약고에 보관되어 있음을 표시한다. 그런데 이전에 캠프 보니파스의 탄약고 표식에는 흰색이었던 것이 촬영 당시에는 황색으로 변경되어 있었던 것이다.

이 표식은 흰색, 황색, 적색 3종류가 있는데 그 위험도에 따른 분류라고 생각하면 된다. 유엔사는 소요 진압에 쓰이는 최루가스라고 말하였지만 민간인의 출입이 엄격히 통제되어 민간인보다 군인이 훨씬 많은 그곳에서 시위진압용 최루가스가 존재한다는 것도 이해하기 어려울 뿐만 아니라 어떠한 것이라도 문제의 노란색 표식에 해당하는 모든 화학무기는 모두 국제법에 위배되는 것이라는 점이다.

여기서 우리가 탄약전문가도 아닐 뿐 아니라 이 내용자체가 무척 전문적인 이야기이므로 더 자세한 것을 이야기하거나 알려고 하는 것에는 무리가 따름을 알고 있다. 하지만 우리는 당시 이 탄약고의 표식판으로 인하여 논쟁이 되었던 사실을 알아야 한다.

그 뒤 지금 캠프 보니파스의 탄약고 표식판에서 가운데 것은 흰색으로 바뀌어 있다. 탄약고 공개를 군사기밀상의 이유로 유엔사가 거부함으로써 누구의 주장이 진실인지는 알 수 없었으나, 만일 미군 폭발물교범에 따라 그 표식판을 해석한 인터넷 언론사 기자의 말이 맞는다면 이건 심각한 문제가 아닐 수 없다. 즉 한반도에서의 전쟁은 우리가 걱정하는 핵무기에 의한 공격뿐 아니라 화학무기에 의한 참혹한 전쟁으로 전개될 수도 있기 때문이다.

지난 2000년 충북 영동군의 한 탄약부대 내에 가수분해 및 폐액 처리동 등 모두 지상건물 4개 동에 화학무기 폐기시설이 갖춰진 것이 알려지면서 비밀로만 취급되어 오던 화학무기의 존재가 시인되었다. 또 그전인 1997년 미8군은 의정부 캠프 광사리에 보관 중이던 열화우라늄탄이 잘못 분류되어 경기도 연천군 대전면의 폭발물 처리장에서 오폭 처리됐다고 발표했다. 이를 통해 열화우라늄탄이 우리나라에 있다는 것이 처음 시인 되었다는 것과 아울러 미군의 탄약이 한국에서 폐기되고 있음이 증명되었다.

한편 한미연합사 차원의 작전계획 9518에는 화학공격이 명시되어 있다. 또한 작전계획 5027에도 화학공격이 포함되어 직접 훈련까지 되었다. 이러한 현실은 이 땅에서의 전쟁이 우리의 의지나 능력과 관계없이 화학전으로도 확대될 수 있다는 것을 암시하는 것이다.

미군기지에 무엇을 들여놓을 것인가의 문제는 한미행정협정(SOFA) 제3조(시설과 구역-보안조치) 1항에 의해 우리정부가 관리, 감독할 권한이 없다는 것도 이러한 현실에 한 몫을 하고 있는 것이다.

한미행정협정(SOFA) 제3조 시설과 구역 - 보안조치(Facilities and Areas - Security Measures)의 1항은 "합중국은 시설과 구역 안에서 이러한 시설과 구역의 설정, 운영, 경호 및 관리에 필요한 모든 조치를 취할 수 있다. 대한민국 정부는, 합중국 군대의 지원, 경호 및 관리를 위하여 동 시설과 구역에의 합중국 군대의 출입의 편의를 도모하기 위하여, 합중국 군대의 요청과 합동위원회를 통한 양 정부 간의 합의에 따라, 동시설과 구역에 인접한 또는 그 주변의 토지, 영해 및 영공에 대하여, 관계 법령의 범위 내에서 필요한 조치를 취하여야 한다. 합중국은 또한 합동위원회를 통한 양 정부 간의 협의에 따라 전기(前記)의 목적상 필요한 조치를 취할 수 있다."고 규정되어 있다.

〈캠프 보니파스를 통해 본 유엔사〉

캠프 보니파스는 전세계적으로 유일한 분단의 땅이며 유엔사 관할지역에 위치한 독특한 모습을 갖춘 곳이기에 영화화 되거나 가십 등으로 뉴스에 보도되지만 이 캠프 보니파스라는 유엔사 기지를 통하여 우리에게 유엔사란 어떠한 정치·군사적 의미가 주어져 있는가를 좀 더 깊고 역사적인 시각으로 바라보면 우리 분단사의 슬프고 긴장된 면모를 알게 될 것이다.

먼저 이 부대는 남쪽 지역에 있는 수많은 미군기지와 달리 유엔사 소속의 유일한 기지이다. 유엔사는 사령부가 용산에 있으며, 기지로는 캠프 보니파스가 유일하다. 하지만 유엔군 산하에는 주일미군의 7개 기지가 후방지휘소로 배치되어 있어 주일미군과 주한미군의 군사력을 통합할 수 있는 구조가 성립된다는 사실이다. 이러한 이유로 인하여 만일 한반도에서 전쟁이 발발하는 경우 주일미군도 자동적으로 한반도 전쟁에 개입할 수 있는 근거가 성립하는 것이다. 따라서 한반도에서의 전쟁은 단순한 남북 간의 내전이 아닌 발발 즉시 국제전으로 확대되어 제3차 세계대전으로 옮겨갈 수 있을 만큼 폭발적인 요소를 내포하고 있는 것이다.

한편 1975년 11월 18일 열린 제30차 유엔총회에서 주한 유엔군사령부 해체 결의안이 통과됐다. 하지만 미국으로서는 광범위한 특권이 보유된 이 유엔사를 결코 포기하지 않고 있는 것이다. 현재 유엔사가 존재하는 한 최근의 이라크 전과는 비교도 안되리만큼 신속한 전쟁이 가능하기 때문이다. 즉 선전포고나 미국 의회 및 유엔의 특별한 동의절차 없이도 얼마든지 전쟁이 가능하며 이것은 국제법적으로 불법사항이 성립되지 않는다. 이미 지난 1950년 전쟁에서 유엔의 참전결의안이 통과되었으며, 현재는 평화체제가 아닌 정전체제이기 때문에 아직도 당시 유엔의 결의안은 법적으로 유효하기 때문이다.

▲ 주한미군사령부, 유엔군사령부, 한미연합사령부 사이의 체계도.

하지만 수많은 세월이 흘렀고 이미 세상은 바뀌어 1991년 북이 남과 함께 유엔에 가입한 상황이다. 즉, 유엔 회원국인 북이 다름 아닌 유엔과 적대국으로 대치하고 있는 것이다. 또한 정전협정의 북측 당사자였던 북과 중국이 남측 당사자인 유엔사의 참전국 거의 모두와 수교를 하였는 데도 적으로 대치하고 있다는 사실은 모순인 것이다. 이러한 논리 모순적인 현실을 우리는 여기 유엔사 소속 캠프 보니파스에서 알아야 할 것이다. 여기서 우리는 왜 우리 한반도 정전체제를 평화체제로 만들어야 하는가를 알 수 있으며, 이를 위한 종전선언과 북미수교가 우리의 안전과 평화에 얼마나 중요한 일인가를 알아야 한다.

(8) 분단의 땅 〈판문점〉, 통일의 땅 〈널문리〉

나는 판문점 방문을 위한 까다로운 절차뿐만 아니라 이 땅의 주인임에도 불구하고 외국군에게 허락을 받고 들어가야 한다는 슬픈 현실 속에서 판문점을 향하여 비무장지대 안으로 들어 갔다. 유엔사에서 제공되는 군용버스를 타고, 견학경호병의 설명을 들으며 잠시 뒤 이 나라 분단의 대명사가 되어버린 판문점에 도착하였다.

관람객들은 버스에서 내려 군인의 안내에 따라 팔각정, 자유의 집 그리고 군사정전위의 회담장소를 쓰이는 건물 등을 둘러보았다. 사실 판문점이란 곳이 들어오기는 무척 까다롭지만 언론에 워낙 자주 노출되는 곳이다 보니 특별히 새로워 보이지는 않았다.

그럼에도 불구하고 유독 눈에 들어오는 것이 있었다. 나즈막한 콘크리트 군사분계선이 바로 그것이었다. 공동경비구역은 지난날 유일하게 군사분계선이 전혀 없는 그야말로 '공동' 경비구역으로 그 특색을 나타냈지만, 현재는 248Km 군사분계선이 지나가는 곳 가운데 유일하게 푯말이 아닌 콘크리트로 만들어진 선(線)으로 나뉘어져 있다. 과거 이곳은 그야말로 남과 북이 구분 되어 있지 않은 '공동' 구역이었지만 1976년 이후부터는 동서 248km 비무장지대 내부에서 유일하고도 명확하게 남과 북이 구분되어 있는 '분단' 구역이다.

나는 이 콘크리트 군사분계선을 지나갔던 몇몇 사람들을 기억하고 있다. 물론 이 곳을 통하여 남에서 북으로 또는 북에서 남으로 지나간 사람들은 수없이 많았다. 하지만 유엔사와 북의 합의 속에 남북을 오고간 사람들은 당시에는 우리들에게 알려지지 않았으며 그 뒤 역사 속에서 밝혀지고, 양측의 합의없이 군사분계선을 넘은 사람들은 당연히 모든 언론의 초점이 되었기 때문에 우리들의 기억 속에 강하게 남아 있는 것이다.

우리들의 기억 속에 가장 대표적인 것은 1989년 세계청년학생축전에 전대협 대표로 참가하고 문규현 신부와 함께 돌아온 임수경 학생일 것이다. 유엔사와 남측의 반대는 말할 것도 없고 북에서조차 유엔사와 합의 없이 군사분계선을 넘는 것은 정전협정 위반이라며 자제를 요구하였지만 '내 나라 땅을 놔두고 결코 돌아갈 수 없다.'며 단식투쟁 속에서 분단의 벽을 뚫고 넘어온 그이기에 우리는 흔히 그를 부를 때 '통일의 꽃'이란 수식어를 붙여준다. 그가 자신의 주장을 관철하기 위하여 단식투쟁 등 온 몸으로 저항하며 넘어 왔다는 군사분계선은 높이 5㎝ 넓이 50㎝의 콘크리트 설치물이다. 한걸음이면 넘어올 수 있는 이 작은 경계선이 이 땅 위에서 반세기 넘게 한 민족을 둘로 갈라 놓았던 것이다.

막상 이 콘크리트 군사분계선을 직접 밟고 서보니 참으로 황당하다는 생각이 든다. 남과 북 서로 생김새가 같고 쓰는 말이 같아 언제라도 만나 반갑게 이야기 나눌 수 있지만 이 작은 경계선이 반세기 넘게 갈라놓았다는 사실이 믿겨지지 않았다.

하지만 대학생 임수경이 위험과 고초를 감수하고 용감하게 넘어왔던 사실이 있었기에 그 분계선은 조금 낮아진 것이고, 2007년 노무현 대통령의 육로 방북을 통하여 임수경 학생이 넘었던 그것보다 조금 더 낮아졌을 것이라고 생각해 본다. 이렇게 군사분계선은 이 땅 위에서 조금씩 무너져 내려가고 있으며 우리는 다시 '하나'로 되어가고 있다는 생각에 갑자기 나는 재일교포 4세 윤영란 씨의 노래 '하나'가 떠올라 그 콘크리트 군사분계선 앞에서 조용히 불러보았다.

참고로 윤영란 씨는 독립영화사상 최대의 관객을 모은 영화 〈우리학교; 2007〉의 주제가 '우리를 보시라'도 작곡하였다. 이 영화는 남쪽 출신 김명준 감독이 일본 '혹가이도 재일조선인 학교'에서 3년 6개월을 함께 생활하며 그들의 삶과 통일에 대한 열망을 담은 영상이다. 이처럼 윤영란 씨는 자신의 노래를 통하여 통일에 대한 꿈과 희망을 전하고 있다.

하나~윤영란

1. 내가 태어난 때부터
사랑하는 조국은 둘이었네
슬픈 역사가 이땅을 갈라도
마음은 서로 찾았네 불렀네
볼을 비빌까 껴안을까
꿈결에 설레만 가는 우리
처음 보아도 낯익은 얼굴아
가슴에 맺힌 이 아픔 다 녹이자

함께 부르자 함께 부르자
이 기쁨을 누구에게 들릴까
이 노래를 이 춤을 희망을
내일의 우리들에게

2. 어린 품속에 그려본
사랑하는 조국은 하나였네

오랜 세월에 목이 다 말라도
마음은 서로 눈물로 적셨네
볼을 비빌까 껴안을까
반가와 이야기 나눈 우리
처음 보아도 낯익은 얼굴아
이 땅에 스민 이 눈물 다 말리자

함께 춤추자 함께 춤추자
이 기쁨을 누구에게 보일까
이 노래를 이 춤을 희망을
내일의 우리들에게

[후렴] 하나로 되자 하나로 되자
이 기쁨을 누구에게 전할까
이 노래를 이 춤을 희망을
내일의 우리들에게

〈노래 '하나'가 만들어진 계기〉

　노래 〈하나〉를 만든 재일동포 4세 윤영란 씨는 그것이 만들어진 계기를 다음과 같이 말하고 있다.

"내가 노래 〈하나〉를 작곡하게 된 동기는 2000년 6월 15일 북남의 양 수뇌가 악수를 나눈 순간이었습니다. 저에게 있어서 분단이란 그때까지만 하여도 그저 우리에게 슬픈 역사지만 내 자신과는 크게 관계없는 것으로 여겨왔습니다. 그러나 당시 북남의 양 수뇌가 악수를 나누는 모습은 반세기 넘게 얼어붙어 있었던 역사를 움직인 순간이었고, 재일조선인으로서 그 모습을 바라보는 저 또한 감동 그 자체였습니다.

▲ 6·15공동선언의 감동을 노래에 담은 재일조선인 4세 윤영란 씨.

저에게는 북에도 남에도 피를 나눈 친척이 있답니다. 조국을 벗어나 있는 저는 양쪽의 친척들과는 만날 수 있지만 정작 조국에 있는 그들은 서로를 만날 수 없는 현실이었습니다. 같은 언어와 같은 문화를 갖고 있을 뿐 아니라 같은 반도 땅에 살고 있으면서도 서로 오갈 수가 없다는 분단의 현실이 너무나 분했습니다. 그러한 나의 마음을 좀 더 솔직히 표현하고 싶었고 또 저와 같은 마음을 지닌 동포들에게 저의 노래를 들려 주고 싶었던 것이었습니다.

저는 이 노래 덕분에 좋은 분들과 많이 만나게 되었고, 그들은 저의 노래에 많은 공감을 해 주시고 노래도 불러 주시고 하여 저 역시 통일을 원하는 사람들의 마음을 더욱 많이 느끼게 되었습니다.

저는 언젠가 군사분계선이 무너지고 우리 민족 모두가 '하나'가 되는 날, 노래 〈하나〉를 알고 있는 분들과 함께 부르며, '하나'가 되는 것을 꿈을 꾸고 있습니다. 그리고 그런 날이 이제는 멀지 않았음을 확신합니다."

미루나무 절단 사건

군사정전위 회담장 관람 이후 우리는 버스에 다시 승차하여 공동경비구역 남측의 한 초소로 옮겨졌다. 초소에서 내려다 보이는 것은 또 다른 남측 초소인 제3초소이고 그 옆에는 그 유명한 '돌아오지 않는 다리'가 보인다. 그 주위에 지난 1976년 8월 있었던 미루나무 절단 사건이 있었던 곳임을 알리기 위해 벌목된 미루나무 그루터기 옆에 당시 사건을 알리는 표지석이 놓여져 있다. 이곳에서의 미루나무 절단 사건은 현재 민통선-DMZ 관광에 있어서 보수세력에 의하여 가장 강력하게 선전되는 반공교육 소재로 이용되는 것이기에 이 사건에 대하여 몇몇 자료를 뒤져 보았다.

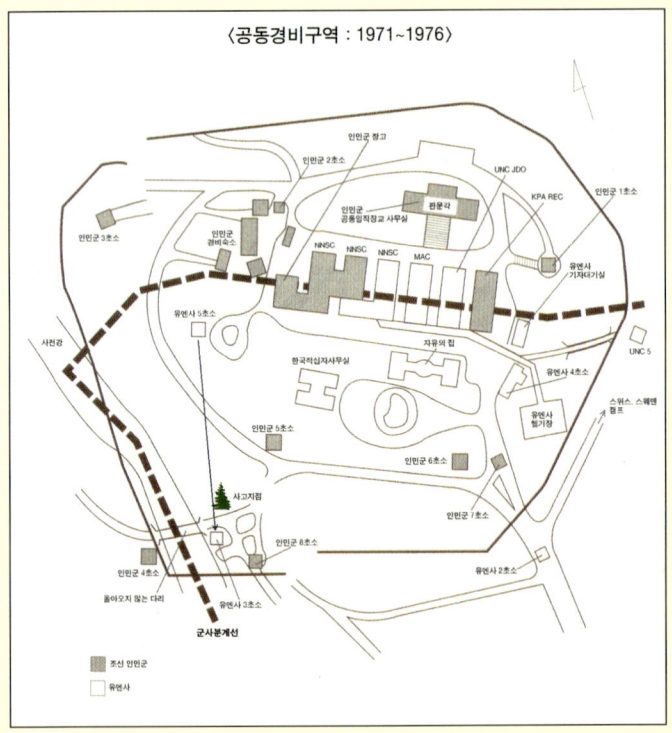

▲ 미루나무 사건 발생 당시 공동경비구역 배치도.

사건의 개요는 위의 공동경비구역 요도 좌측 하단에 보여지는 돌아오지 않는 다리 앞에 미루나무가 무성하게 자라서 유엔사 5초소에서 유엔사 3초소의 관측이 어려워 다리 앞에 미루나무를 절단하는 과정에서 인민군과 유엔군의 마찰에서 발생한 살인 사건이다.

1976년 8월 18일 유엔사 소속 노무자와 군인들이 돌아오지 않는 다리 앞 미루나무를 절단하려 할 때 인민군 측은 미리 일직장교회의에서 나무 절단에 대한 통고 및 합의가 없었다며 그 절단행위를 저지하려 하였고, 이에 유엔군 소속 보니파스 대위는 작업 강행명령으로 대응함으로써 보니파스 대위와 바렛트 중위 2인이 유엔군 측에서 작업을 위해 가져온 도끼로 인민군에 의하여 사망한 사건이다.

본 사건의 명칭도 남측 언론은 '도끼'라는 명칭이 갖고 있는 폭력적 속성을 드러내기 위하여 '8·18 도끼 만행 사건'이라 부른다. 한편 미국의 이 사건에 대한 공식명칭은 나무절단 사건(Tree cutting incident)이다.

당시 1976년 이 사건이 발생하기 전까지만 하여도 정전협정 체결 이후 양측의 무력충돌로 사망한 미군의 수는 49명이고 국군의 사망자는 1천 명 이상이었다. 하지만 이 사건은 민감한 공동경비구역 내에서 발생하였고, 또 도끼에 의한 참혹한 살해 사건이며, 한편 베트남 전쟁 이후에 발생한 사건이라 곧바로 중대한 군사적 위기로 상승하게 되었다. 이 사건으로 휴전 이후 처음으로 데프콘 4에서 3으로 등급이 상향 조정되기도 하였다. 데프콘 3으로 상향 조정되었다는 것은 전군에게 실탄이 지급되었음을 의미한다. 곧바로 전시체제로 전환할 수 있는 그야말로 전쟁 직전의 상황이었던 것이다. 그리고 이후 미루나무를 절단하기 위한 폴 번얀 작전이 전개될 때는 F-4 팬텀기, F-111전폭기 5개 편대 20대와 일본 해역에 있던 항공모함 미드웨이호가 한반도로 향하였다. 이런 무력시위 속에서 유엔사는 그 미루나무를 완전히 절단해 버린 것이다.

그런데 당시 이 폴 번얀 작전에는 유엔사뿐만 아니라 박정희 대통령의 요청에 의하여 제1공수 특전여단 병사 64명도 참가하였다. 하지만 공동경비구역의 현장 지휘관은 유엔군 경비대대장 비에라 중령이었고 당시 여단장 박희도는 어떠한 공식적 지휘계통에서도 배제되어 있었다. 현장에서 휘하 부대원들과 직접 통신도 할 수 없었으며, 당시 작전 명이 폴 번얀으로 명명된 것조차도 몰랐다고 한다.

또한 원래 계획에는 공수부대원들이 비무장지대가운데서도 공동경비구역이란 특수성으로 인하여 정전협정 위반이 문제될 수 있으므로 몽둥이 정도만 들고 가도록 되어 있었지만, 박희도 여단장은 무장을 명령하여 트럭에 자동소총을 은닉하고 방탄복 속에 수류탄과 권총을 휴대케 하였다. 이뿐만 아니라 미군은 인민군이 총을 3번 연달아 발포할 때 북측이 무력 대응을 한 것으로 간주하고 대응조치를 취하게 되어 있었지만 박희도 여단장은 북의 군인이 공격하려는 조짐이 있을 경우 "위험하면 선제 공격하라"고까지 지시했다.

현장에서는 공수부대원들이 작전 계획과 달리 공동경비구역 내 북의 초소를 부수기 시작했고, 돌아오지 않는 다리 건너편 북의 병사들에게 무기를 보여주며 자극하였다. 만일 이러한 자극에 북측 인민군들이 공격적으로 반응하였다면 그야말로 전쟁으로 순식간에 확대될 뻔했던 일이다. 후일 현장 통솔 장교는 이로써 징계처분을 받게 되었다고 한다.

이처럼 나무 한 그루의 절단을 위한 행위가 미국군 장교 2명이나 죽게 만들었으며 또 그것을 수습하기 위한 작전이 자칫 우리의 전민족적 재앙이 될 수 있는 전쟁으로 확대될 뻔했다는 것은 비록 지난 일이지만 그만큼 우리 분단체제가 위험하다는 것을 말한다. 이러한 엄혹한 분단체제의 위험성을 앞에 두고 이 사건에 대하여 계속 북에 대한 적개심과 분노를 고조시키기 위해 노력해 왔던 것이 지난날 우리의 모습이다. 하지만 이러한 반공교육 앞에서 그럼 앞으로 어떻게 해야 이런 일이 없어질 것인가라는 대안에서는 또다시 '무찌르자 공산당'이라는 화석화된 냉전적 구호밖에 나올 수 없는 것이다.

지난 전쟁에서의 상처를 잊고 서로 화해하고 협력하여 통일조국을 건설해 나아가려는 이 시기에 지난 시기의 슬픈 사건에 얽매인다면 우리는 더 이상 앞으로 나아갈 수 없는 것이다. 얼마 전 노무현 대통령이 기자회견에서 "북이 지난 전쟁의 과오를 사과하지 않는다면 평화체제로 가지 않을 것이냐?"며 보수세력에게 되물었던 말은 바로 우리의 현실을 정확하게 보여주고 있는 것이다. 이제는 더 이상 지난 과거의 슬픈 상처로 인해 앞으로 나아가지 못하는 일이 없어야겠다. 이제 그야말로 탈냉전 시대에 살면서 냉전적 양극단의 사고를 한다면 그것은 정말 무서운 것이다.

〈널문리에서의 '정전협정'〉

1951년 7월 당시 정전회담이 처음엔 개성에서 시작됐으나 좀 더 중립적인 공간을 찾던 중, 개성에서 남쪽으로 약 9km 떨어진 〈널문리〉(판문점의 본래 명칭)에서 본격적인 협상을 진행했다. 널빤지로 만든 문이 있다고 해서 널문리로 불렸던 이곳의 작고 조용한 마을은 아이러니하게도 전쟁이 아니라 정전회담에 의해 사라지게 된 것이다.

널문리는 언젠가 서울에 다녀가던 중국사신이 이 마을에서 술 한잔을 얻어먹은 것이 이곳을 주막거리로 만들었고, 이후 서울과 개성을 오가던 길손들이 잠시 숨을 돌리던 곳으로 정착됐다. 또한 임진왜란 때 왜구의 침략을 피해 평양으로 피난을 가던 선조 일행이 머물던 곳이기도 하다.

이처럼 역사의 흔적이 스며있던 널문리는 마을 자체가 사라진 것뿐만 아니라 그 마을의 정겨운 이름조차 사라진 것이다. 정전협정 당시 회의장 공용어는 한글, 영어, 중국어였는데, 널문리를 중국어로 표기할 마땅한 글자가 없어 당시 회의를 하던 '널문리 가게'를 한자 '板門店'으로 표기하면서 지금껏 사용하고 있는 것이다. 하지만 우리가 흔히 〈판문점〉이라고 부르는 이곳의 보다 정확한 공식 명칭은 공동경비구역(Joint Security Area, JSA)이다. 또 과거 정전회담이 진행되었던 널문리는 군사분계선에서 약 1km 가량 북쪽에 있는 관계로 현재의 공동경비구역은 그 한가운데를 군사분계선이 지나가는 이곳으로 이동한 것이다.

이제 통일시대를 맞이하여 이곳에 군인들이 사라지고 남과 북 민간인들이 섞이어 아름다운 마을이 조성되고 그 옛날 정겨웠던 이름 〈널문리〉를 되찾기를 기원해 보자. '판문점'이 아닌 '널문리 가게'에서 신나게 남북이 모두 하나되어 막걸리 잔을 기울이며 흥이 나서 노래 부를 것을 상상해 보니 그것만으로도 기분이 좋다.

(9) 대한민국의 별천지, 〈대성동 '자유의 마을'〉

판문점 공동경비구역에서 서남쪽으로 바로 옆에는 남측 비무장지대 내의 유일한 민간인 거주지인 대성동 마을이 있으며, 이곳에는 2007년 7월 1일 현재 58세대 190명이 거주하고 있다. 민통선 북쪽에 있는 마을 3곳 가운데 언론에도 가장 많이 노출되기에 우리의 관심을 집중시키는 마을은 바로 이 마을이다.

남측에서 유일하게 비무장지대 내에 있는 민간인 거주지이며, '자유의 마을'이란 호칭으로 우리에게 더 익숙해져 있다. 1953년 7월 27일 정전협정이 체결되고 바로 다음 달인 8월 3일부터 군사정전위원회가 이곳을

'자유의 마을'이라 명명하였던 것이다.

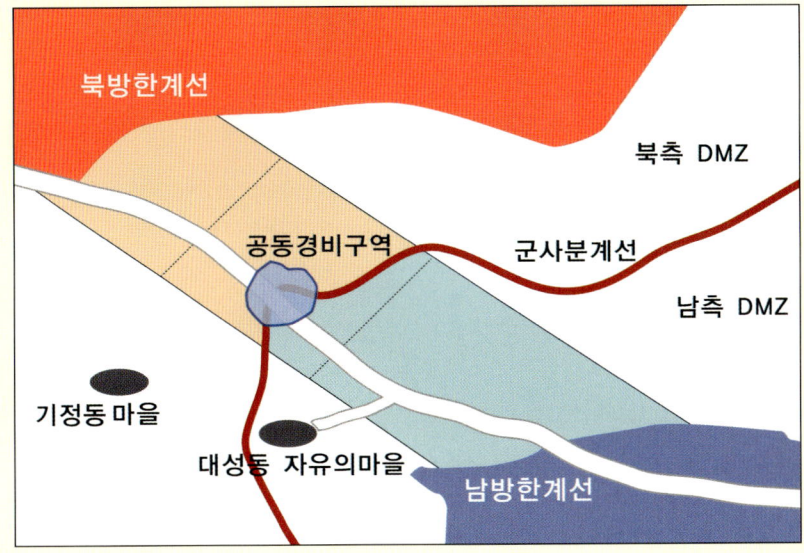

▲ 공동경비구역 주위 안내도. 공동경비구역 서쪽 바로 옆에 남측 대성동 마을과 북측 기정동 마을이 서로 마주 보며 위치해 있다.

해방 직후 이곳은 행정구역상 경기도 장단군 군내면 조산리 대성동이었다. 정전협정이 체결된 1953년 7월 27일 정전협정 부칙에 따라 정전협정이 조인될 시점 비무장지대 내에 거주하고 있는 주민들은 계속 거주가 허용됨으로써 현재의 마을이 존재 가능했던 것이다. 군사분계선 넘어 북측 비무장지대의 마을로는 기정동 마을이 이곳과 똑같은 이유로 민간인 거주가 가능한 곳이다. 남쪽의 대성동 마을과 북쪽의 기정동 마을 두 곳 모두 이러한 혜택을 받은 곳이다.

당시 전쟁 발발 1년 뒤 현재의 군사분계선 일대에서 전선이 교착되어 교전은 있었지만 이 두 곳은 정전회담이 열리던 판문점 근처라 다행히도 그러한 교전에서 제외되어 일반인들의 거주가 가능했던 것이다. 2년 넘게 지속되었던 정전회담 덕분에 당시 대치선에서 유일한 비전투 지역이라는 혜택을 받은 것이다.

정전협정을 합의할 때 비무장지대임에도 불구하고 이 두 마을에 민간인이 계속 거주할 수 있도록 하였지만 협정체결 당시 즉 1953년 7월 27일 그곳에 거주하고 있지 않던 주민의 경우 비록 그곳에 본래의 집이 있었다 하더라도 귀향은 허락되지 않았다. 이리하여 대성동 마을에는 약 160명이 전쟁 후 거주하기 시작하였다. 이 마을로부터 바로 약 4백 미터 앞이 군사분계선이다. 바로 이 군사분계선을 넘으면 북측 비무장지대의 유일한 민간인 거주지인 기정동 마을과 마주보고 있기 때문에 마을 사람들에 의하면 농사일을 하다 보면 북쪽 사람과 쉽게 마주치기 때문에 인사말과 담배 정도는 주고받기도 한다고 한다.

결국 이곳 남측의 대성동과 북측의 기정동 두 개 마을은 전쟁 당시 정전회담이 열렸던 널문리(판문점) 바로 옆에 위치한 이유로 전투지역에서 제외되면서 그대로 존재할 수 있는 혜택을 누리게 된 것이고, 반면에 정전회담 장소로 이용되었던 널문리는 정전회담 때문에 살아지게 된 것이다. 이 일대 3개의 마을은 정전회담으로 인하여 이렇게 서로의 운명이 뒤바뀐 것이다.

그리고 비무장지대에 존재했던 나머지 마을들은 당시 치열한 교전이 벌어지고 있었던 지역이라 물리적으로 민간인들이 거주할 수 없었기 때문에 모두 교전지역으로부터 멀리 이주하였고, 전쟁 뒤에는 그곳이 비무장지대로 설정되어 돌아올 수 없는 것이 된 것이다.

한편 이곳 대성동 '자유의 마을'은 위치상 유엔사가 관할하는 비무장지대에 있으므로 대한민국 정부가 아닌 유엔사의 통제하에 있다. 이는 정전협정 제1조 10항 "비무장지대 내의 군사분계선 이남의 부분에 있어서의 민사 행정 및 구제사업은 국제연합군 총사령관이 책임진다."는 것에 근거한 것이다. 이로써 대성동을 직접 관장하는 것은 대한민국 정부나 한국군이 아니라 유엔사 공동경비구역 경비대사령부이며, 이곳 사령관은 대성동주민을 관할하기 위하여 「대성동 민사규정 Civil Administration Regulation for Taeson-dong」을 제정·실시하고 있다.

이렇게 시작된 이 마을의 역사는 1950년대 말 두 개의 사건에 의하여 크게 바뀌게 된다. 1958년 7월 마을 사람들과 미군들 사이에서 통역관 역할을 하던 이영기 씨가 월북을 하고, 또 같은 해 12월 8일 이대성 씨가 헌병대 5~6명에게 끌려가 살해당하는 사건이 발생하였다. 이후 유엔사는 이 사건에 대하여 인민군이 이대성 씨를 살해한 뒤 유엔군이 살해한 것으로 조작한 사건이라고 발표하였다. 살해 동기는 이대성이 북의 간첩이었는데 더 이상 그들의 말을 듣지 않았기 때문이라는 것이다.

어쨌든 이렇게 연이어 불미스러운 사건이 발생함으로써 이곳에 대한 정부의 관심이 집중되었고, 이후 정부지원이 집중된 것이다. 유엔사도 1959년 12월까지 대성동 마을을 '근대화시킨다'는 계획을 수립하였고. 이로써 그해 보건사회부에서 무상으로 그들에게 주택을 건설해 주었다. 또 유엔사는 미군 장비를 투입하여 그들의 경작지를 확대시켜 주는 등 이후 지속적인 지원이 이루어졌던 것이다.

이리하여 1962년 당시 마을의 벼 생산량은 2천 가마였지만 1971년에는 1만 가마, 1993년에는 3만 8천 가마까지 상승하게 되었다. 이러한 정부의 전폭적인 지원 아래 대성동 '자유의 마을'은 가구당 소득수준이 끊임없이 상승했다. 파주시 통계자료에 의하면 2006년 현재 대성동 '자유의 마을'은 가구당 평균소득이 6천7백만 원이다. 이러한 높은 소득수준에 이곳은 유엔사 관할지역으로 납세의 의무도 없는 까닭에 세금으로 빠져나가는 것이 없으니 이곳 주민들의 실질적 소득수준은 훨씬 높은 것이다. 이러한 상황을 보며 그곳 주민들은 얼마나 좋을까라고 상상하며 은근히 시기해 본다.

한편 이러한 혜택 때문에 많은 관광객들은 외부인들은 이곳으로 입주할 수 없냐고 장난스레 묻지만 이곳은 다른 민통선 마을과 달리 비무장지대 내에 있어 새로운 입주가 극히 제한되어 있다. 하지만 이곳도 사람이 사는 곳이라 비록 제한적이기는 하지만 입주방법이 있기는 한데, 여자의 경우 이곳 마을 남자와 결혼하는 것이며, 남자의 경우 아들이 없는 집의 딸과 결혼하여 데릴사위로 오는 조건에서만 이 곳으로의 입주가 가능하다고 안내 군인은 말해 준다. 또 이렇게 데릴사위로 입주한 경우가 현재까지 딱 2명이 있었으며 그중 한 명은 사망하였고, 현재는 노인이 된 한 명만 살아있다고 한다.

그리고 이들은 정전협정상 유엔사의 통제를 받는 것으로 인하여 이들에게는 일반인들과는 달리 헌법상 대한민국 국민 모두에게 부과되는 납세의 의무와 병역의 의무가 부과되지 않는다. 또 이뿐만 아니라 이곳 주민들에게 대한민국의 법률적 통제를 가하기 위해서는 유엔사의 동의가 필요하다. 예컨대 이들이 범법행위를 했을 경우 피의자가 유엔사에 의하여 대한민국 관계 당국에 이첩되고 여기서 조사받고 그 유죄가 인정되면 기소되는 것이다. 이처럼 이들에게 적용되는 대한민국 법률은 미군에게 적용되는 방식과 동일하게 적용되고 있는 것이다. 그리고 재판을 통하여 형이 확정되고 6개월 이상 복역을 하게 되면 이 마을의 주민권이 박탈된다. 이들을 대한민국 국민으로 봐야 할지 미국인들로 봐야 할지 헷갈리는 구조인 것이다.

▲ 대성동초교 옆에 위치한 100미터 높이의 게양대에 걸려있는 '자유의 마을' 태극기(사진 한성희).

▲ '자유의 마을'에서 바라보는 북측 DMZ에 위치한 기정동 마을의 대형 인공기(사진 한성희).

한편, 이곳에는 도라산전망대에서 보았던 대형 태극기가 이곳에 게양되어 있다. 2002년 월드컵경기에서 대한민국 응원단 붉은 악마의 대형 태극기가 나오기 전까지는 이곳 대성동 마을에 게양되어 있는 태극기가 남쪽에서는 가장 큰 태극기였다고 한다. 바로 그 건너편에는 북측 기정동 마을이 있고 그곳에도 역시 대형 인공기가 게양되어 있으며 이러한 대형 깃발 2개가 서로 마주보며 그 위용과 대립을 상징하고 있다.

그런데 이곳 대성동의 태극기 게양대는 1982년까지 높이 85미터였고, 북의 기정동의 인공기 게양대는 80미터였다. 뭐 이 정도면 엇비슷한 크기라고 할 수 있는데 당시 남측에서 그 높이를 100미터로 설치하여 양쪽 국기의 규모에 현격한 차이가 벌어졌던 것이다. 이에 북도 인공기 게양대를 이전의 약 2배인 165미터의 높이로 바꾸어 버린 것이다. 이것이 현재 우리가 바라보고 있는 태극기와 인공기의 대립의 역사인 것이다. 서로 조금만 참으면 될 것을 이처럼 양측의 국기게양대 높이 경쟁이 지난 냉전의 모습을 대신하고 있는 것이 아닌가 싶다.

〈민통선-DMZ 내 2개 초등학교의 통합방침과 주민들의 반발〉

파주지역 민통선 이북에는 3개 마을 가운데 군내면 통일촌의 〈군내초등학교〉와 대성동 자유의 마을에 있는 〈대성동초등학교〉 두 개의 초등학교가 있다. 1911년 보통학교로 문을 연 군내초교는 전쟁 직후 문을 닫았다가 1973년 민통선 안에 통일촌이 조성되면서 다시 문을 열었으며, 그때로부터 2007까지 278명의 졸업생을 배출하였다. 한편 〈대성동초등학교〉는 국내에서 유일하게 DMZ에 위치한 학교로 1968년 개교 후 146명의 졸업생을 배출하였다고 한다.

▲ 2007년 현재 전교생이 16명 다니는 민통선 통일촌에 있는 군내초등학교 교정.

이들 두 개의 학교는 나름대

로 마을에서 문화적 중심으로 그 역할을 하고 있는데, 특히 대성동초교의 경우 졸업식에는 1~2명에 불과한 졸업생을 축하하기 위해 군사정전위원회, 중립국감독위원회 대표 등 내빈과 주민 100여 명이 참석해 매년 언론의 관심을 받아오고 있다. 그러나 2007년 현재 전교생이 8명으로 줄어 올해는 졸업식과 입학식도 치르지 못하게 되는 등 학사진행에 어려움이 생기자 파주교육청은 2007년 초 대성동초교를 통폐합하는 방안을 적극적으로 검토했다. 이는 전교생이 100명 이하인 학교를 통폐합하라는 교육인적자원부의 방침 때문이다.

하지만 이 소식이 알려지자 대성동 주민들은 반대의 뜻을 분명히 하고 또 교육청도 대성동초교가 남북분단의 상징성을 갖고 있다는 여론 등을 감안해 대성동초교를 폐교하는 대신 그보다 더 큰 규모의 통일촌

▲ 2007년 현재 전교생이 8명, 교직원 11명의 DMZ 대성동 초등학교 교정(사진 한성희).

▲ 대성동 초교 정문(사진 한성희).

▲ 2007년 10월 대성동초교 전교생인 8명의 학생들이 그곳 관할부대인 캠프 보니파스 소속 주한미군과 함께 영어수업을 진행하고 있는 모습(사진 대성동초교 홈페이지).

군내초교를 폐교키로 방침을 바꾼 것이다. 이처럼 교육청이 본래 대성동초교에서 군내초교로 폐교방침을 바꾼 데는 대외적으로 분단의 상징성과 현재 군내초교의 부지가 사유지로 임대료를 지불하고 있는 문제 등을 내세우고 있다.

하지만 이러한 교육청의 폐교방침의 변경 이면에는 대성동초교가 갖는 법률적 지위도 함께 고려대상이 되었을 것이다. 즉 대성동초교가 위치한 곳은 대한민국의 법률이 적용되는 곳이 아닌 유엔사의 관할지역이라는 특수성이 작용하고 있는 것이다. 따라서 대성동초교를 폐교하고 말고는 남측정부의 권한 밖인 것이다. 이러한 이유로 본래 폐교하려던 대성동초교를 그대로 존치시키고 그것보다 훨씬 큰 군내초교의 폐교가 결정된 것이다. 아직 폐교 공고기간 등의 법률적 절차가 남아 있어 2008년에도 신입생을 뽑았지만 군내초교 학생들은 곧 북쪽으로 약 10km나 떨어진 대성동초교로 통학하거나 임진강 건너 문산 쪽의 학교로 통학해야 하는 것이다.

이 두 학교 사이에서 벌어지고 있는 우리의 교육정책을 보며 우리의 미래인 초등학생들의 교육에 있어서 너무 경제적 측면에서 다가서는 것이 아닌가 하는 아쉬움이 앞선다. 유엔사 관할지역인 DMZ 내에 존재하는 대성동초교는 재학생 수에 있어서 군내초교의 절반밖에 안됨에도 불구하고 정치적 이유로 인하여 혜택이 주어지고 있는 것이다. 하지만 이들에게 베풀어지는 혜택이 다른 한편에서 다른 이들의 불이익을 전제한 것이라는 생각에 약간 씁쓸해진다.

이런 현실을 바라보며 몇 해 전 언론에 보도된 북측 교육정책이 갑자기 생각나 인터넷을 뒤져 그 기사를 찾았다. 연합뉴

▲ 군내초등학교 폐교를 반대하는 통일촌 현수막.

스(2005.4.5)에 의하면 2005년 현재 북측의 학교 가운데 정규학교보다 규모가 훨씬 작은 분교가 1600여 개 있으며, 이 가운데 가장 적은 학생 수는 2명이며, 소학교(평안북도 신의주교원대학 부속소학교 수운도분교)와 중학교(함경북도의 송산중학교 송산분교) 각각 1개씩 있다고 조선중앙방송에서 언급되었다고 한다. 이러한 분교의 개학식에는 남쪽 대성동초교처럼 개학식에는 학생 수보다 많은 교사와 학부형들, 마을 사람들과 후원단체 간부들이 나와 축하했다고 전한다.

이 기사를 보며 남쪽도 교육행정의 편의보다는 좀 더 학생들이 우선되어야 할 교육정책이 필요하겠다는 생각을 해 본다. 학생이 교육을 받기 위해 학교로 가는 것보다, 학교가 학생들이 있는 곳으로 오는 그런 교육이 우리의 희망이 아니겠는가?

(10) 잠시 쉬어가는 곳, 〈임진강 6 · 15 사과원〉

판문점을 둘러보고 캠프 보니파스로 다시 빠져 나왔다. 이로써 도라산역–도라산전망대–제3땅굴–판문점 등 통상 '안보관광'으로 구성되어 있는 여행코스를 모두 둘러본 것이다. 이제 잠시 쉬었다 다음 코스를 돌아보기로 하였다. 이에 내가 몇 해 전부터 알게 된 분이 이곳 민통선에서 사과농사를 하고 계셔서 그곳에 들러 잠시 쉬었다 가기로 하였다.

그런데 그곳은 이곳 캠프 보니파스에서 약 4㎞쯤 되고, 가는 도중에 작은 고개 길을 두 번 넘어야 한다. 두 번째 고갯길을 넘자마자 자그마한 읍내리 사거리에서 다시 군인들이 지나가는 차량을 세우고 이름을 묻는다. 앞서 통일대교에서 출입절차를 모두 마쳤고, 또 내가 군부대시설로 들어가는 것이 아닌데 왜 이름을 묻냐고 항의를 하니 그냥 위에서 시켜서 하는 것이라는 말만 한다. 그래서 일단 이름을 불러줬더니 조그마한 수첩에 내 이름을 적고는 가라고 한다. 내 이름이 진짜인지 가짜인지도 관심이 없다. 그냥 불러주는 이름을 적을 뿐이었다. 그리고 보내주는 것이 그들의 일이었다. 왠지 한심해 보이기도 하고 좌우지간 별로 기분 좋지 않은 검문이었다. 이곳을 지날 때마다 되풀이 되는 일이지만 이러한 행위에 나는 쉽게 관성화되지 않고 꼭 왜 묻냐고 되묻는다. 여기 읍내리 사거리에서 약 100~200미터쯤 직진하면 길이 두 갈래로 갈리는데 이곳 군사도로 위에 자그마한 간판이 홀로 서서 자신의 위치를 알려준다. 그곳은 다름 아닌 〈임진강 6·15 사과원〉. 이 입간판에서 좌측 길로 약 2.3㎞ 가면 작은 간판과 함께 사과밭이 보인다.

▲ 민통선 내 백학OP와 스토리사격장 사이에 위치한 〈임진강 6·15 사과원〉.

민통선 일대가 온통 군사시설로 가득 차 있지만 이곳 사과밭은 여느 사과밭과 다를 바 없다. 뿐만 아니라 그곳 주인 역시 일반적인 농민과 다를 바 없는 평범한 농부이다. 그가 무슨 통일관련단체에서 일을 하고 있거나 그런 분이 아니라 그저 이 땅의 한 농민으로서 우리의 통일은 6·15공동선언에 나와 있는 것처럼 "우리민족끼리 서로 힘을 합쳐 자주적으로 해결"해 나가야 한다고 생각할 뿐이라며 그 뜻이 너무 좋아 사과원 이름에 '6·15'란 문구를 넣었다고 한다. 그리고 사과를 수확하여 소비자에게 판매될 때 이 사과밭에서 재배되는 사과가 담겨지는 박스에도 선명하게 '6·15 사과원'에서 재배된 사과임을 알리는 글씨가 쓰여져 팔리고 있다.

참고로 민통선 내에서의 농사는 논농사 이외에 밭농사로는 콩농사와 인삼농사가 가장 활발하게 지어지고 있으며, 과일농사로는 배농사가 약간 있을 뿐 사과를 재배하는 곳은 이곳이 유일하다고 한다. 그가 사과농사를 시작한 것은 불과 3년밖에 안 되는데 황해도 황주가 사과로 유명할 뿐만 아니라 황주에서 멀지 않고 일교차가 심한 이곳에서 사과농사가 안될 리가 없다며 모험적으로 재배종목을 선택한 것이다. 그렇지만 그의 판단은 옳았다고 한다. 이곳에서 재배되는 사과가 무척 당도가 높아 잘 팔리고 있음이 그것을 증명한다고 하며, 그래서 이제는 점차 사과재배를 넓혀나가고 있다고 한다.

한편 사과밭 뒤쪽으로 있는 작은 야산에는 20~30여 마리의 돼지들이 뛰어 놀고 있는데, 여기서 돼지는 우리 속에 갇혀 자라는 것이 아니라 산속에 풀어져 마음 놓고 뛰놀며 자라나고 있는 것이다. 주인은 웃으며 이곳 돼지는 말이 집돼지일 뿐이지 멧돼지과라로 말한다. 특히 황금돼지띠인 2007년에 태어난 돼지새끼들이 산속에서 뛰어 노는 모습이 참 신선했다. 내가 돼지새끼를 좀 더 자세히 보려고 산기슭 쪽으로 올라서자 산기슭 여기저기 흩어져 있던 돼지들이 나를 향해 달려오는 것이었다. 주인은 돼지들이 자기에게 먹이를 주려는 줄 알고 모여드는 것이란다. 그저 구경하러 간 처지로써 아무것도 줄 수 없어 돼지들에게는 미안했지만 재미있는 풍경이었다. 이렇게 이곳 〈임진강 6·15 사과원〉에서의 휴식을 마치고 다음 코스로 떠날 준비를 하였다.

그런데 그곳에서 주인과 잠시 이야기를 나누다 뜻밖의 의미있는 곳을 소개받았다. 지뢰사고지역을 나에게 알려준 것이다. 비록 지금은 지뢰가 제거되고 없지만 사고현장임을 말해 주는 푯말 등이 설치되어 있다고 하였다. 이 말에 해마루촌으로 가려던 길을 다시 조금 뒤로 하고 이 사과원에서 좀 더 안쪽으로 지뢰사고지역 두 곳을 찾아가 보기로 하였다. 또 그곳은 바로 몇 해 전 우리 사회를 뜨겁게 달구었던 스토리사격장이 있는 곳 근처였다. 그럼 이제 지뢰사고현장으로 자리를 옮겨보자.

(11) 끝나지 않은 전쟁, <대인지뢰>

생명을 담보로 하는 농작지 개간

사과밭에서 동쪽 연천군 방향으로 약 1km쯤 떨어진 곳에 위치한 첫 번째 지뢰사고지역은 보통의 지뢰사고가 그러하듯이 영농민들이 경작지를 개간하는 과정에서 지뢰사고가 발생한 곳이다. 통상 민통선 내에서 경작지를 개간하는 경우 지뢰가 매설되어 있는 지역으로 추정되면 민간 지뢰탐지사를 고용해 그들로 하여금 지뢰를 제거케 하고 농작지로 개간하고 있다. 하지만 그럴 만한 돈이 없거나 주관적으로 지뢰매설을 의심하지 않고 개간하다 사고가 크게 발생한다.

내가 찾아간 지뢰사고지역에는 사고 발생지역이었음을 알리는 주의표지판이 설치되어 있어 지뢰매설의 규모를 간접적으로나마 추측할 수 있었다. 그곳은 2002년 5월에 지뢰사고가 나면서 발견된 곳으로 육안으로 보기에는 약 1천 평 정도밖에 안돼 보이는 작은 농지였지만 그곳에서 발견된 지뢰의 수는 342발이라고 쓰여져 있었다. 그리고 그 밑에는 '미발견 지뢰가 잔존하는 지역이므로 출입을 금한다.'는 글이 쓰여져 있었다.

하지만 이 나무로 만든 표지판은 그 뒤 사고가 재발하면서 논두렁에 폐기시켰고, 그 대신 새롭게 철판으로 만들어진 주의표지판이 새워졌는데 지뢰발견이 처음 알려졌던 2002년 전후로 실재 사고 당한 경우가 표시되어 있었다. 이 지뢰밭이 알려지게 된 사고로 보이는 '2002년 4월 영농인 6명 중경상' 이라고 표시되어 있을 뿐만 아니라 그 뒤인 '2003년 백학면 박모씨(69세) 사망' '05년 7월 장남면, 하모씨(49세) 발목절단' 이라고 쓰여져 있었다.

이 표지판으로 추정컨대 2002년 4월 첫 사고가 발생하고 위험 표지판이 세워졌지만 그 뒤 2003년, 2005년에도 계속해서 사고가 발생하고 있었던 것이다. 그러니까 2002년 처음 지뢰 342발이 발견되고도 미확인지뢰에 의하여 또 사고가 발생한 것이었다. 이쯤 되면 가의 지뢰밭이라고 할 만한 것이었다.

▲ 사고재발 후 새롭게 새워진 주의표지판에 옆 논두렁에 폐기된 옛 주의표지판을 옮겨 함께 촬영하였다. 표지판 우측 상단을 보면 이곳에서 연이어 지뢰사고가 발생하고 있음을 알 수 있다.

4. 민통선과 비무장지대 ■ 183

이곳으로부터 멀지 않은 또 다른 지뢰발견지역을 가보았는데 그곳에서는 표지판에 당시 발견된 지뢰사진이 붙어 있었다. 그런데 그 사진 속에는 대전차지뢰 9개가 3개씩 3열로 나란히 놓여 있는 것이다. 사진으로 추정컨대 영농민 누군가 토지개간 중에 발견한 대전차지뢰를 이곳에 무단 폐기시킨 것 같아 보인다. 통상의 지뢰매설 방법이 전혀 아니기 때문이다. 또 사진 속 대전차지뢰가 몇몇은 뇌관이 없는 것처럼 보여서 분명 영농민이 발견한 지뢰를 이곳에 무단 폐기한 것으로 추정된다.

▲ 발견된 지뢰의 사진으로 볼 때 영농민이 농토개간 중 발견된 지뢰를 다른 곳에 무단폐기시킨 것으로 보이는 지뢰발견지역 안내표지판.

현실이 이러하다 보니 밖에서 생각하는 것과는 달리 이곳에서의 영농, 특히 경작지 개간은 거의 목숨을 건 투쟁이다. 그들의 생존을 위해 경작지를 확대해야 하고 또 그러다 보니 이곳의 지역적 특수성으로 목숨을 걸어야 한다.

공포의 대인지뢰

▲ 모형지뢰. 큰 것부터 대전차지뢰(M15), 대인지뢰(M14), 발목지뢰(KM14)이며, 특히 발목지뢰는 플라스틱으로 제조되어 지뢰탐지기에 탐지되지 않고, 장마 때 홍수 등으로 유실이 심각하다.

그럼 여기서 이곳 영농민들이 가장 무서워하는 지뢰에 대하여 관심을 갖고 알아보자. 이들은 특히 대인지뢰 가운데 통상 발목지뢰로 불리는 KM14를 무서워한다. 대전차지뢰(M15)야 사람이 밟아서는 폭발하지 않고, 대인지뢰 M14는 땅속에 묻혀 있기 때문에 쉽게 민간인 활동지역으로 유실되지 않지만 발목지뢰는 플라스틱으로 제작되어 일단 매설되면 이후 탐지기에 의하여서도 탐지가 되지 않는다. 또한 전쟁 당시 지금의 군사분계선 일대에서 진지전이 전개되면서 이러한 휴전선을 고착화시키기 위해 헬기로 발목지뢰를 대량 살포하였다고 한다.

문제는 이것이 탐지도 안될 뿐만 아니라 플라스틱으로 재질이 가벼워 살포된 지역에서 홍수 등으로 유실되어 후방지역으로 옮겨져 온다는 것이다. 이로써 파주, 강화 등 휴전선 일대의 농민들이 많은 피해를 보고 있는 것이 현실이다. 현실이 이렇다 보니 가장 큰 공포의 대상이 되고 있는 것이다. 실제로 대인지뢰 M14는 폭발 시 그 폭발력이 워낙 강하여 거의 100% 사망하게 되는데, 이에 비해 발목지뢰는 죽지도 않고 발목을 절단해야 하기 때문에 생활에 대한 어려움이 크다. 이처럼 지뢰에 의한 공포와 위협은 정전협정이 체결되고 50여 년이 넘었지만 지금까지 계속되고 있기 때문에 이를 '끝나지 않은 전쟁'이라고 일컫는다.

한편 1997년 대인지뢰 철폐를 위해 온몸을 바쳤던 젊은 여성 조디 윌이암스(Jody Williams)가 노벨평화상을 받으면서 대인지뢰가 세계의 주목을 받게 되고, 또 그녀가 노벨상을 받은 직후 우리나라에서 지뢰 피해자들이 많이 거주하고 있는 파주시 금파리를 방문하여 지뢰 피해자 7인에게 의족을 전달하며 이것으로 국내 피해자들의 존재가 알려지는 계기가 되었다. 또 우리나라에도 1997년 말 한국대인지뢰대책회의(KCBL)가 결성되어 활발하게 움직이고 있어 점차 이슈화되고 있다.

이들은 대전차지뢰는 인명 살상용이 아니므로 전쟁억지력으로 그 필요함을 인정한다 하더라도 대인지뢰(발목지뢰 포함)는 인명살상용일 뿐만 아니라 전쟁 이후에도 인간의 생명을 위협하는 존재이므로 이를 매설은 물론이며 제조조차 해서는 안 된다는 것이다.

한국대인지뢰대책회의(KCBL)의 자료에 의하면 현재 남측에 대전차지뢰(M15) 및 대인지뢰(M14)가 112만 5천여 발 매설되어 있다고 한다. 이를 계산해 보면 남측 DMZ 1평방 미터당 2.3개의 지뢰가 매설되어 있는 것이다. 그야말로 한반도의 허리가 온통 지뢰밭인 것이다. 또한 매설되지 않은 비축지뢰는 매설지뢰의 2배가 넘는 것으로 추정되는데 미국 자료에 의하면 167만 발의 대인지뢰가 남측 미군기지에 비축되어 있다고 한다. 이처럼 우리나라는 세계에서 지뢰밀도가 가장 높은 나라인 것이다.

▲ 남측 지역 대인지뢰 매설현황.

이러한 현실에도 불구하고 우리 정부는 1999년 오슬로 회의에서 "한국에는 대인지뢰로 인한 어떠한 희생자도 존재하지 않습니다. 한국은 민간인의 피해자가 없도록 철저하게 대인지뢰가 통제되고 있는 전형적인 사례에 해당합니다. 한국은 북한과 대치선상에 있는 155마일 비무장지대를 제외한 그 어떤 지역에도 대인지뢰를 매설해 놓고 있지 않습니다."라고 발표하였다. 하지만 이러한 발표가 있었던 1990년대 10년간 지뢰피해자는 총 164명이라고 한국대인지뢰대책회의(KCBL)는 발표했다.

또한 세계최대의 지뢰피해국으로 알려진 앙골라는 주민 200명당 1인이 지뢰피해자이지만 우리나라의 경우 마을단위로는 가장 많이 피해를 당한 강원도 양구군 해안면에서는 전체 주민 668명 중 약 8%인 55명이 지뢰피해자이다. 이들에게는 삶 그 자체가 지뢰밭인 것이다.

이제는 우리 모두가 대인지뢰에 대하여 새롭게 관심을 가져야 할 때이다. 세계 최대의 지뢰매설 밀도를 갖고 있으면서도 그동안 단지 '반공', '반북' 이라는 이유만으로 묵인되었던 비인간적인 현실을 이제라도 고쳐 나아갈 수 있도록 노력해야 할 것이다.

참고로 최근에는 남북관계의 화해분위기가 높아가면서 환경단체를 중심으로 비무장지대에 대한 환경보전이 강하게 주장되고 있다. 이들 주장의 진정성과 유의미성을 모르는 바 아니나, 지뢰지대로 남아있는 한 보존은 의미가 없고, 지뢰를 제거하면 자연이 파괴될 것이 분명하므로 군사시설과 지뢰문제를 고려한 논의가 필요한데, 그러한 문제에 대한 고려 없이 현실성 없는 공론을 계속하는 동안 지뢰피해자 등 현지인들의 고통만 더해갈 뿐임을 분명히 자각하여야 한다. 이 글이 읽혀지고 있는 이 순간에도 민통선 일대에서의 영농인들은 사선을 넘나들며 살아가고 있는 것이다.

〈민간지역에서의 지뢰〉

스토리사격장이 있는 파주시 진동면과 동북쪽으로 붙어있는 연천군 백학면에 가면 민간인 거주지역에 지뢰밭이 있음을 볼 수 있다. 문산에서 전곡, 연천으로 이어지는 자동차 전용도로인 37번 도로를 타고 가다 비룡대교 쪽으로 빠져 임진강을 건너 수백 미터쯤 가면 좌측에 주유소가 우측에는 교회가 보인다. 이것이 문제의 '노곡주유소'와 '노곡교회' 인데 이곳이 민간인 지역에 버젓이 방치되어 있는 지뢰밭으로 매스컴에도 자주 소개된 곳이다.

노곡1리에 대인지뢰가 매설된 시기는 쿠바사태(1962년) 때이다. 더욱이 민간인 사유지(1천 평에 달함)에도 지뢰를 매설하여 땅 소유주 측에서 민원을 계속 올렸으나 지뢰 제거에 위험이 따른다는 이유로 30년이 넘게 제거해 주지 않아 자신의 땅을 사용하지 못하고 있다.

▲ 사진 속 좌측은 노곡교회이며 그 앞 나무숲에 어린이 놀이터가 만들어져 있고, 가운데는 버스정거장이며, 우측은 주유소이다. 사진 속에 보여지는 모두가 지뢰밭인 것이다. 길과 주유소는 콘크리트로 덮은 것이며, 놀이터는 1m 가량의 흙으로 덮은 것이다.

사실 이 지역의 마을 입구와 버스정류장 주변도 예전에는 지뢰밭이었다. 지금 그곳엔 노곡주유소와 노곡교회가 들어서 있는데, 사유지임에도 군에서 지뢰를 제거해 주지 않자 주유소 주인이 사비를 들여 20년 전에 지뢰를 제거하지도 않은 채 그 위에 시멘트를 덮어 주유소를 지었다. 또한 노곡교회의 어린이 놀이터는 지뢰밭을 그냥 놔둔 채 흙을 1m 높이로 쌓아 만들었다.

경기도 연천군 백학면과 신서면 지역에서 실제로 만난 피해자는 4명이었다. 그러나 이들을 통해 알게 된 지뢰피해자 명단만 21명에 달했다. 더욱 놀라운 것은 순전히 개인 과실로 인해 피해를 입은 주민은 한 사람도 없었다는 것이다. 그러나 이들 중 피해배상을 받은 주민은 단 한 사람에 불과했다(이시우의 'CBS통일기행' 중에서).

스토리사격장을 지나며

한편 내가 찾은 이곳 지뢰사고지역 바로 옆에는 한때 우리 사회에서 크게 문제가 되었던 210만 평의 미군이 이용하는 스토리사격장이 펼쳐져 있는데, 이곳은 외부인의 출입을 막기 위하여 철책선으로 차단되어 있다.

▲ 파주시 진동면에 위치한 210만 평의 대규모 스토리사격장으로 영농인 출입을 통제하기 위해 철책선공사를 하였으며 사격장 내부에는 사진 속에 보여지는 것처럼 많은 묘소 등 문화유적지가 산재해 있다.

당시 국유지도 아닌 민간인 소유의 땅인 사격장 부지를 "무상으로 영구히 공여한다."라고 쓰여진 정부의 공여문건과 환경 및 사격장 내의 문화재 파괴 등으로 크게 문제가 되었지만 결국 민간인 소유지를 국가가 수용하여 다시 미군에게 공여하는 방식으로 문제를 해결하였던 것이다. 이로써 대한민국 국민 모두가 주한미군 공여지를 위해 조금씩 세금을 바친 꼴이 되어 버렸다.

그리고 이곳 사격장은 바로 남방한계선 바로 아래에 위치해 있으며 주한미군만의 사격장이 아닌 전세계 해외주둔 미군들의 사격장으로 사용되고 있는 것이다. 이제 더 이상 주한미군만의 사격훈련장이 아니다. 이러한 현실을 볼 때 과연 미국에게 대한민국이란 무엇인가라는 생각에 마음이 착잡해진다.

또한 넓게 펼쳐진 사격장 안에는 많은 묘소들이 곳곳에 조성되어 있음이 육안에 들어온다. 이 가운데는 우리의 중요한 문화재적 가치가 있는 것도 많다는 것이 지난 스토리사격장에 대한 문제제기에서 여러 시민단체들에 의하여 밝혀졌다. 하지만 이러한 반대와 우려의 목소리도 정부의 강행의지에 무력화되어 이제는 조용해진 상태이다. 이런 현실 속에서 우리의 중요한 문화재가 미군의 총탄에 손상되지는 않을지 걱정된다.

(12) '햇볕정책'의 산물, 〈해마루촌〉

해마루촌은 앞서 들렸던 지뢰사고지역과 스토리사격장에서 비포장도로로 가면 그리 멀지 않다. 약 5~10분 정도 걸린다. 이 길을 통해 가다 보면 마을에 약 1.5km쯤 못 미쳐서 조선의 명의 허준의 묘가 있고, 이를 지나 마을 쪽으로 약 500m를 더 가면 판문점 공동경비구역을 관리하는 캠프 보니파스 부대가 훈련하는 〈JSA 모의훈련장〉이 있다. 여기서 약 1km쯤 더 가면 우측으로 진동면 동파리에 위치한 작은 마을 해마루촌이 보인다. 이곳 진동면은 2007년 7월 현재 52세대, 인구 155명으로 전국 면소재지 가운데 가장 작은 곳이다.

여기는 민통선 이북 3개 마을 가운데 가장 늦은 2001년부터 입주가 시작되었으며, 통일촌이나 대성동 자유의 마을처럼 '안보관광'의 특수를 혜택받지 못하는 곳이다. 지리적 위치도 그러하거니와 그 출생과정도 반공정책의 산물이 아닌 햇볕정책의 산물로 주어진 것이기 때문이다. 오히려 이곳은 'DMZ 생태마을' 또는 허준 묘가 마을 옆에 있어서 '약초마을'로 알려져 있다.

▲ '마을 입구 안내판에 그려진 해마루촌' 지도. 마을 길이 오선지의 높은음자리표 모양으로 설계되어 있어 그 평화로움을 더해 준다. 마을 아래는 임진강이 흐르고 있다.

모든 집들이 2001년 이후에 건설된 곳이라 주택의 외관이 깔끔하며 마치 아름다운 전원주택단지 같은 곳이다. 마을 입구에는 마을지도가 그려진 안내판이 세워져 있는데 이 마을은 그 길이 5선지 위의 높은음자리표 모양으로 만들어져 있는 것이다. 우리에게 전쟁, 공포, 긴장 등으로 다가오는 민통선에 이제는 그런 긴장과 대결을 접고 평화롭게 살아가기를 기원하며 아름다운 음악적 선율이 흐르도록 설계한 것일까? 참 아름답기 그지없는 마을이다.

 어느 집도 자기 소유의 땅임을 명확히 선언하는 담장이 없는 마을이다. 마을 정면 남쪽으로는 임진강이 유유히 흐르며, 그 임진강 한가운데는 작지만 일반인들의 발길이 닿지 않아 깨끗하고 아름다운 초평도란 작은 섬이 있고, 마을 앞산에는 굽이치는 임진강이 내려다보이는 고구려 덕진산성이 그 흔적을 남기며 고구려의 위용을 자랑하고 있다. 그 옆으로는 마애사면석불이 있어 마을의 온화함과 풍미를 더해 준다. 또 조선의 명의 허준의 묘소가 자리하고 있어 안정감마저 더해 준다.

▲ 해마루촌 입구에서 바라본 임진강전경. 왼쪽 작은 섬은 초평도이며, 우측 높은 언덕은 고구려 덕진산성이 자리했던 곳이다.

 전쟁시기 이곳에 살던 마을 주민들은 군 작전상 강제 이주되었다가 이틀간의 이주란 약속과는 달리 반세기 넘게 고향 땅으로 들어오지 못하게 된 것이었다. 그 뒤 영농 등의 문제로 입주 가능하도록 조치를 취해 줄 것을 끊임없이 제기하다 햇볕정책을 편 김대중정부에 이르러 이들의 민원이 해결되면서 2001년에 지금의 마을이 조성되면서 분양되었다. 김대중정권이 들어선 이후 3만여 평의 부지 위에 60동의 입주를 목표로 1999~2000년 2년간 부지공사를 하였고, 2001년부터 가구당 약 200평 내외로 분양한 마을이다. 2006년 현재 56동의 주택이 완성되었고, 이곳에 입주하고 있는 곳은 52가구에 달한다.

이 마을은 파주시 진동면 동파리에 위치하고 있는데 처음 만들어진 이후 '수복마을'이라고 불리다 최근 들어 이곳 지명인 동파리(東坡里)에서 해를 뜻하는 동(東), 언덕을 뜻하는 파(坡)를 순 우리말대로 풀어서 '해마루촌'이라고 부른다. 이름마저 얼마나 아름다운가?

이 마을은 박정희 대통령의 "전략적 시범농촌을 건설하라."는 지시에 의해 군인가족들로 인위적으로 형성된 통일촌과 달리 그야말로 지난 시절 이곳에 살던 사람들로 만들어진 마을인 것이다. 민통선 다른 모든 지역도 이렇게 민간인들이 들어와 평화롭게 담장 없이도 살 수 있는 그런 시대가 오기를 기다려 보며 이제 시간상 이곳 민통선을 빠져나가기로 하였다. 민통선 밖에도 우리가 통일기행으로 가볼 만한 곳들 몇 곳이 있어 그곳을 돌아보고 현장에서 그 역사적 의미와 현재성을 느껴보기로 하고 돌아가기로 하였다.

5

민통선 밖의 분단과 통일

민통선 밖의 분단과 통일

(1) 냉전의 영혼, 〈북한군/중국군 묘지〉

민통선 안에서의 마지막 기행장소였던 해마루촌에서 이곳 〈북한군/중국군 묘지〉는 전진교를 이용했을 경우 무척 가까운데, 민통선에 처음 들어올 때 신분증을 맡기고 들어와야 했으므로 그 신분증을 되찾기 위하여 처음 들어왔던 통일대교로 돌아가야 했다. 그렇지 않다면 시간상 30분쯤은 절약했을 터인데 어쩔 수 없이 오랜 시간을 허비하며 먼 길을 돌아와야 했다. 통일대교로부터 이곳 묘지까지는 약 20분이 소요된다.

▲ 파주시 적성면 답곡리에 위치한 북한군/중국군 묘지 제1묘역. 바로 옆에는 제2묘역이 조성되어 있고 이곳 묘역에는 총 201구의 시신이 묻혀 있다. 이곳의 묘는 망자들의 고향인 북을 향하여 안치되어 있다.

민통선을 벗어나 파주시 적성면 답곡리 산56번지에 있는 〈북한군/중국군 묘지〉. 이곳도 예전에는 민통선 내에 위치했지만 지금은 민통선지역에서 해제되어 그 위치만 알면 누구나 쉽게 찾아 갈 수 있는 곳이다. 하지만 민통선 밖으로 놓이게 되었어도 지난 2007년 봄까지는 이 일대의 지리를 잘 알지 않고는 쉽게 찾아가기 어려웠다. 차량으로 근처에 도착해서도 논길을 따라 걸어서 꽤 들어가야 했기 때문이다. 하지만 최근 문산에서 연천으로 이르는 37번 국도가 새롭게 뚫리면서 무척 편리하게 찾아갈 수 있게 되었다. 문산에서 연천 방면으로 37번 국도를 따라 파평면을 지나 적성면으로 들어가면 바로 도로 좌측 낮은 언덕 너머에 조용히 자리잡고 있다.

인간이 모든 생명체의 죽음 앞에서는 숙연해지듯 이곳 묘역에 왔을 때 나도 그들의 사상과 이념을 떠나 먼저 묘역의 맨 앞에 서서 머리를 숙여 이들의 명복을 빌었다. 이들 묘는 모두 그들의 고향 땅인 북쪽을 바라보게 안치되어 있어 보는 이로 하여금 그 슬픔을 더하게 한다. 이런 모습을 보며 어서 하루라도 빨리 남북이 통일되어 고향 땅에 이들이 안치되고, 가족들이 묘를 돌볼 수 있게 되기를, 그래서 이들의 저승길이 좀 더 편안하기를 빌어보았다.

이 묘역은 조성 당시 '적군 묘지'로 불리다가 '북괴군/중공군 묘지'를 거쳐 1999년부터 '북한군/중국군 묘지'로 불리게 되었다고 한다. 하지만 그 이름이 길어 아직도 사람들은 습관적으로 그냥 '적군 묘지'라고 부르고 있다.

현재 이곳은 총 3,200여 평의 규모에 제1묘(1996년 조성)역과 제2묘역(2000년 조성)으로 구분되어 1묘역에 158구, 2묘역에 387구의 시신이 묻혀있다. 제2묘역에는 모두가 지난 전쟁 당시 사망한 인민군/중국군들이 안치되어 있으며, 제1묘역에는 이들 외에 전쟁 이후 이곳 남쪽에서 사망한 북측 사람들, 즉 남파공작원들이 안치되어 있다.

이러한 이유로 우리에게도 익숙한 사건들의 이름이 이곳 묘비에 새겨져 있다. 1·21사태 무장공비, 대한항공 폭파사건, 남해안 반잠수정 침투사건 등. 이처럼 이곳은 전쟁 때 죽은 자들만이 아니라 이후부터 현재까지 북에서 파견되었다 피살된 공작원들이 묻히고 있는 것이다.

▲ 제1묘역에 묻혀있는 사람들과 관련된 사건들.

민통선 안에서 살펴보았듯이 민통선 일대의 땅속에서 움직이는 모든 생명체들을 노려보고 있는 대인지뢰와 이곳 묘지를 보니 아직도 전쟁이 끝나지 않았다는 말이 틀린 말은 아니라는 생각이 든다.

전쟁 당시 한반도 전체가 전쟁터였던 만큼 인민군들의 시신을 묻어둔 묘지는 전국에 널려 있었다. 그런데 탈냉전에 접어들면서 북미 간 유해 송환에 대한 논의가 본격화되고, 이에 남측 정부도 제네바협정 정신에 따라 한곳에 이장함으로써, 나중에 남북 간 유해 인도 협정이 맺어지면 빨리 인도할 수 있게끔 준비하는 차원에서 이곳 파주시에 묘지를 마련하게 된 것이다.

하지만 아직 이곳에 묻혀 있는 누구의 유골도 북으로 간 적은 없다. 정전협정이란 용어에서도 알 수 있지만 1953년 양측이 맺은 협정은 종전(終戰)협정이 아닌 정전(停戰)협정이기 때문이다.

'정전'을 헤이그 육전규칙(陸戰規則)에서는 부분적인 혹은 일시적인 평화 상황이 아닌 당사자 간의 합의에 의한 잠시 동안의 군사 행위 정지 상태일 뿐이라고 하는 것처럼 우리의 현실은 아직도 전쟁 중인 것이다. 그동안 우리는 정전체제의 장기화 속에서 그것이 가지고 있는 폭발성에 대하여 무뎌져 있었을 뿐인 것이다.

이러한 정전체제에 대하여 최근 종전선언을 하여야 한다는 목소리가 커지고 있으며, 또한 2007년 제2차 정상회담에서 "남과 북은 현 정전체제를 종식시키고 항구적인 평화체제를 구축해 나가야 한다는 데 인식을 같이하고 직접 관련된 3자 또는 4자 정상들이 한반도지역에서 만나 종전을 선언하는 문제를 추진하기 위해 협력해 나가기로 하였다."고 하니 여기서 나는 희망 섞인 기대를 가져본다.

한편, 묘비명에 '무명인'이라고 쓰여진 묘 앞에서는 왠지 죽은 자에 대한 슬픔에 안타까움마저 더하게 된다. 죽어서 자기의 이름조차 남기지 못하고 구천을 떠돌고 있을 이들. 생전에 무슨 원한이 있었든 죽어서는 서로가 화해하고 용서하며 살아가야 하듯이 이들도 죽어서는 아름다운 하늘나라에서 편안한 삶을 살아가기를 기원해 본다.

어서 하루라도 빨리 종전선언이 이루어지고 평화협정이 체결되어 이곳 묘지에 더 이상 묻히는 사람들이 없기를 빌어보며, 해방 후 북에서 반동으로 낙인 찍혀 남으로 도망친 시인 구상이 전쟁 직후 인민군의 무덤을 만들어 주고 지었다는 〈초토(焦土)의 시 8 - 적군 묘지 앞에서〉를 떠올려 본다.

시인 구상은 지난 해방 전후 〈북조선문학예술총동맹〉으로부터 비판받으며 1947년 월남하였다. 그리고 전쟁시기 국군의 종군시인으로 활동했으며, 박정희와는 절친한 사이로 박근혜에게 "아버님의 오랜 친구이자 저에게는 정신적 선생님"이라고 불리었을 만큼 우익인사였다. 하지만 시에서 보여지는 것처럼 망자 앞에서는 그저 그들의 영혼에 평온이 있기를 빌었던 한 사람이다.

〈초토(焦土)의 시 8 - 적군 묘지 앞에서〉

오호, 여기 줄지어 누웠는 넋들은
눈도 감지 못하였겠고나.
어제까지 너희의 목숨을 겨눠
방아쇠를 당기던 우리의 그 손으로
썩어 문드러진 살덩이와 뼈를 추려
그래도 양지바른 두메를 골라
고이 파묻어 떼마저 입혔거니
죽음은 이렇듯 미움보다, 사랑보다도
더 너그러운 것이다.
이곳서 나와 너희의 넋들이
돌아가야 할 고향 땅은 삼십 리면
가루 막히고

무주공산(無主空山)의 적막만이
천만 근 나의 가슴을 억누르는데
살아서는 너희가 나와
미움으로 맺혔지만
이제는 오히려 너희의
풀지 못한 원한이
나의 바램 속에 깃들여 있도다.
손에 닿을 듯한 봄하늘에
구름은 무심히도
북(北) 흘러 가고
어디서 울려 오는 포성몇 발
나는 그만 이 은원(恩怨)의 무덤 앞에
목 놓아 버린다.

▲ 무명인의 묘.

〈1·21 청와대 습격사건〉

이곳 〈북한군/중국군 묘지〉에 묻혀있는 사망자 가운데 가장 많은 사망자가 발생한 사건은 전쟁 중 사망한 사람들을 빼고는 1968년 1월 21일 남녘 땅을 발칵 뒤집어 놓았던 31명 남파공작원이 청와대습격을 기도했던 '1·21사태'로 남측 군경과 대치 속에 사살된 29명이 이곳 묘지에 안치되어 있다.

바로 이곳 묘지가 위치해 있는 곳은 이들 공작원 31명이 북에서 남파되어 서울로 진입한 길이기도 하다. 이곳을 지나 서울시 한복판까지 무장한 채로 진입에 성공하였지만 그들 가운데 28명이 사살되고 생포된 2명 중 한 명은 자결하였고 나머지 유일하게 생존한 김신조는 그 뒤 전향하고 지금은 서울성락교회 목사로 활동을 하고 있다. 또 한 명의 간첩은 검거 및 사살되지 못한 채로 행방불명되었다. 아마도 다시 월북하지 않았나 추측

된다.

당시 이들 124군 부대의 남파공작원 침투는 행정적으로는 파주와 연천의 경계이며, 군사적으로는 미 2사단과 국군 25사단의 경계인 고랑포를 통하여 이루어졌다. 이곳은 미 국무장관 덜레스가 한반도를 초토화 시킨 후에 38선에서 분단을 확정한다는 계획이 가장 정확히 관철된 곳이기도 하다. 그러한 이유로 전쟁 전후 두 번이나 분단선이 지나갔던 곳이다.

▲ 제1묘역의 맨 앞부터 세 번째 열까지 1968년 1월 21일 있었던 청와대침투사건 관련 사망자들의 묘이다.

이들이 선택한 침투로는 임진강과 휴전선이 가장 근접한 지역일 뿐만 아니라 겨울에는 얼어붙은 임진강을 도강할 수 있는 특별한 지역이었다. 특히 이곳이 미군이 관할하는 지역이란 점도 고려되었다. 국군으로 오인할 수도 있었고 무엇보다 당시 미군 지역의 철책이 구형 철조망이었기 때문이었다.

1967년 유달리 남침 사례가 많아 휴전선 철책부터 보강하였고 이 공사는 그해 248km 휴전선 전 지역에서 완성되었지만 미군 지역 4km 정도는 제외되었다. 미 2사단 측은 철주를 박고 전기 철조망을 쳐 대적하려는 한국군의 대응자세를 못 미더워하면서 자신들이 보유한 전자 감응 경보기 등으로 대처하겠노라며 공사를 거부하고 있었다.

▲ 김신조, 무장소조의 침투로.

또한 124군 부대가 이곳을 택한 것은 한국군 25사단과 미군 2사단 관할지의 경계선으로 사각지대가 되기 십상인 부대 간 경계지역으로 빠진다는 침투전술의 기본을 따른 것이다.

한편, 국군의 군사적 상식으로는 야간 산악행군일 경우 시간당 4km를 넘을 수 없다고 보았지만, 이들 124군 부대는 고도로 훈련된 병사들로 시간당 평균 10km씩 주파하면서 파평산-삼봉산-북노고산-앵무봉-남노고산-북한산으로 이어지는 능선을 달렸기에 파주시 법원읍에서 간첩신고를 받고도 이들을 추적하지 못했던 것이다. 하지만 이렇게 특수훈련에 잘 단련된 부대였지만 이들은 몇 가지 이유로 실패하고 만다.

첫째로 당시 산속에서 나무꾼 형제를 만나서 자신들이 노출되었을 때 이들을 사살하지 않고 풀어준 것이며, 둘째로 방향을 잃자 산행을 포기하고 산에서 내려섰던 점, 그리고 마지막으로 버스를 탈취해 청와대 정문으로 바로 돌진하자는 의견이 있었으나 도보로 걸어가자는 안이 최종적으로 채택되면서 이러한 여러 요인들이 결합하여 이들의 청와대 습격은 실패로 끝나고 거의 모든 부대원이 사살되게 된 것이다.

이 가운데 최대의 실수는 파주시 법원리 삼봉산에서 만났던 나무꾼 4형제를 살려줌으로써 이들이 마을 파출소에 신고를 하게 되고 이러면서 이들의 침투가 노출되었던 것이다. 이들 나무꾼은 이 사건으로 뒤에 크게 표창을 받는데 당시 이들에게 원하는 것이 무엇이냐는 정부 측 관계자의 질문에 4형제 중 한 명은 "경찰이 되고 싶다."는 말을 하여 현재까지 파주경찰서에서 근무하고 있다.

이렇게 당시 남쪽 사회를 발칵 뒤집어 놓았던 사건이었지만 세월이 흘러 2002년 5월 5일 박정희 대통령의 딸 박근혜 씨가 평양을 방문하여 김정일 국방위원장을 접견했을 때 김위원장은 이 사건에 대하여 정식으로 사과하여 역사를 정리하였다. 비록 냉전시대의 일촉즉발의 무모한 행위였지만 이렇게 지난 과거들을 하나씩 정리하며 우리는 새로운 통일의 시대를 맞이하고 있다는 생각을 해 본다.

(2) 통일시대를 맞이하는 〈미군기지〉

파주시 미군 공여지 현황

〈북한군/중국군 묘지〉를 떠나 파주시 광탄면에 있는 다음 기행지, 장준하선생 묘와 극우세력에 의해 파괴되어 지금은 낙엽만 쌓여있는 옛 비전향 장기수 묘역을 돌아보기로 하였는데 이들 기행지로 가는 길에는 여러 미군기지가 있어서 장준하선생 묘가 있는 광탄면으로 이동하면서 문산읍,

월롱면, 광탄면 등에 있는 몇몇 미군기지들을 둘러보며 가기로 하였다.

　민통선 내에서는 임진각 자유의 다리 북쪽에 캠프 그리브스가 있고 또 판문점을 가기 위해 거친 캠프 보니파스가 있다. 또 지뢰사고지역 옆에 위치한 스토리사격장 등 여러 미군 훈련장 및 사격장을 지나쳤지만 여기서 민통선 밖 미군지기들을 돌며 민통선 내의 미군기지 및 훈련장, 사격장 등을 함께 조망해 보기로 하였다.

▲ 2002년 효순, 미선 2명의 여중생 사망사건을 야기시켰던 미군들의 소속부대인 캠프 하우즈. 통일로를 따라 파주시 조리면에 위치해 있다.

　파주 내에 산재해 있는 미군기지들을 둘러보고자 하였지만 모든 기지는 텅 빈 채 굳게 닫혀 문 밖에서 담장 넘어 쳐다 볼 수밖에 없었다. 문산읍에 있는 캠프 자이언트, 캠프 게리오웬, 월롱면에 있는 캠프 에드워드,

광탄면 장준하 묘에서 바로 앞에 내려다 보이는 캠프 스탠톤까지 모두 접근할 수 없었다. 사진이라도 좀 찍어보려면 그곳을 지키고 있는 군인들이 나와 저지시켰기 때문에 제대로 된 기행이 어려웠다. 미군기지에 대한 기행이 이러했기 때문에 나는 자료에 근거하여 학습할 수밖에 없었음을 고백하지 않을 수 없다.

최근 한미연합토지관리계획협정(LPP)에 따라 일부 반환이 이루어졌거나 이루어질 예정이지만 반환 이전의 통계에 의하면 파주시의 땅 가운데 미군에게 공여된 지역은 총 2,834만 평으로 파주시 전체 면적의 14%이다. 이 중 대부분인 2,600만 평이 민통선 내부에 있으며 파주시 민통선 지역의 60%가 미군 공여지이다. 즉 민통선 지역의 40%만이 우리 땅으로서 기능을 하고 있는 것이다. 이렇게 민통선 지역 60%가 미군의 땅으로 사용되고 있는 것이다.

특히 민통선 내의 공여지는 약간의 미군기지를 빼고는 거의 대부분이 훈련장 및 사격장으로 사용되고 있어 환경오염 및 생태계에 위협적인 요인으로 작용하고 있다. 또 앞선 비무장지대의 기행 속에서 알 수 있었듯이 약 3억 평에 이르는 비무장지대는 100%가 유엔사 모자를 쓴 미군의 관할지역인 것이다.

〈파주시 주한미군 공여지 현황〉-2004 주한미군기지현황보고서(자료: 녹색연합)

이름	위치	소속 및 내용	공여 면적
캠프 보니파스	군내면	JSA 유엔사 경비대대	43,491평
캠프 하우즈	조리면	2사단 공병여단, 공병대	191,455평
캠프 에드워드	월롱면	2사단 공병여단 예하. 전투공병 지원	76,088평
캠프 스탠톤	광탄면	2사단 항공여단 예하. 기갑부대	81,283평
캠프 자이언트	문산읍	2사단 1대대 506보병단 예하	51,778평
캠프 게리오웬	문산읍	2사단 항공여단 예하. 기갑부대	86,264평
캠프 그리브스	군내면	2사단 제1대대 506보병단 예하	71,613평
캠프 리버티벨	군내면	육군	20,267평

이름	위치	소속 및 내용	공여 면적
불스아이 1	장단면 진동면 군내면	미2사단 훈련장(포병사격훈련장, 스토리 사격장, 켄사스 사격장, 오클라호마 사격장, 뉴멕시코 텍사스 사격장 등 포함)	25,948,147평
불스아이 2	적성면	미2사단 탱크부대 훈련장(다그마훈련장)	1,702,584평
찰리블럭	파주읍	제1통신여단 예하. AFKN중계소	8,463평
파평산 ATC	파평면	공군. 비행관제소	49평
프리덤브리지	군내면	육군	17,526평
스위스와 스웨덴 캠프 MAC 본부	문산읍	육군	자료없음

▲ 이 가운데 최근 그 일부가 이미 반환된 것도 있으며, 또 2011년까지 상당부분이 반환될 예정이지만 파주 미군공여지 현황의 역사를 설명하는 데 유의미하다고 판단하여 모두 기재한 것임.

파주 땅의 일부가 주한미군에게 공여된 것은 1954년 광탄면에 위치한 캠프 스탠톤이 처음이었다.

그 뒤 오랜 세월을 이 지역에 주둔한 미군은 최근 주한미군 재배치 계획에 따라 2006년부터 단계적인 이전을 추진하고 있다. 따라서 이 지역은 6개의 캠프와 6개의 사격장, 그리고 일부 공여지가 반환된다.

이렇게 되면 실제로 파주지역에서의 미군기지는 없어지는 것과 마찬가지다. 그러나 상시주둔의 미군기지가 없을 뿐이며, 대규모 훈련장과 사격장은 지속적으로 활용할 것이라는 계획은 한반도의 긴장을 고조시킨다는 점에서 또 다른 문제로 부각되고 있다.

이렇게 광범위하게 주한 미군에게 제공되었던 땅의 일부분이 최근 반환되거나 반환될 예정에 있는데, 우리가 2011년까지 반환받을 땅의 96%가 경기도에 있으며, 그 가운데 약 50%가 파주시에 있는 미군기지이다.

이전이 확정된 곳은 캠프하우즈, 캠프 에드워드, 캠프 스탠톤, 캠프 게리오웬, 캠프 그리브스, 캠프 자이언트 등이다. 2002년 여중생 사망사고를 야기시킨 캠프 하우즈가 2006년 반환되었던 것을 시작으로 2011년 캠프 그리브스와 캠프 자이언트를 끝으로 단계적으로 반환될 예정인데 이는 한미연합토지관리계획협정(LPP)에 따른 것이다. 그러나 최근 캠프 그리브스와 캠프 자이언트는 정식 반환은 되지 않은 상태지만 주한미군 감축과 더불어 이라크 파병으로 인해 미군철수가 확정된 상태다.

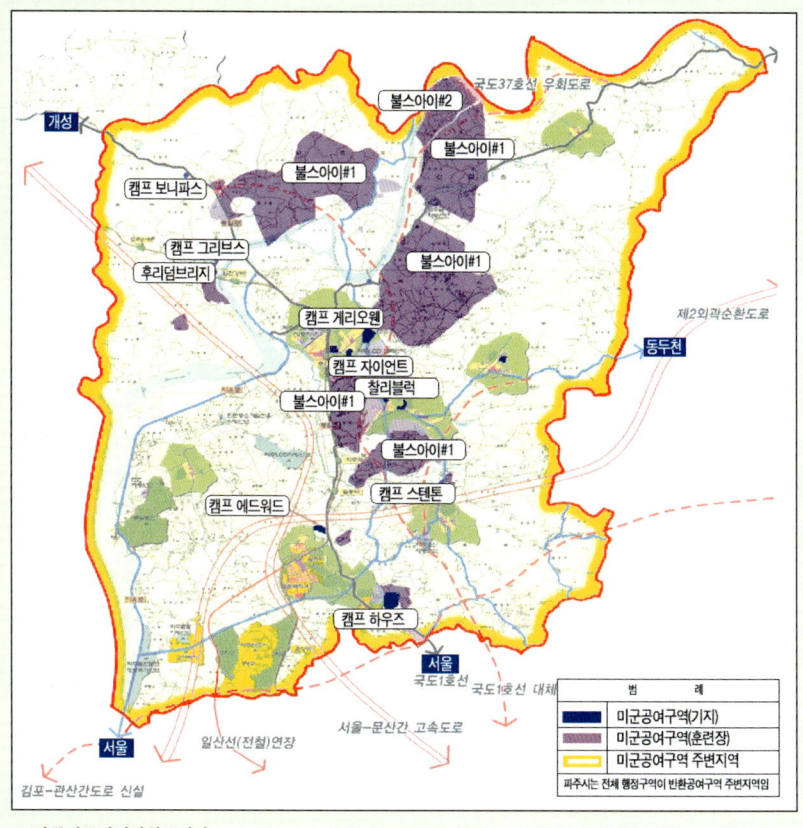

▲ 파주미군기지반환공여지.

반환 미군기지 환경오염문제, 생각한 것 이상

현재 파주시에는 미군기지 및 훈련장과 사격장 등만 있고 미군은 없는 상태이다. 파주시 훈련장과 사격장을 제외한 모든 미군기지는 텅 빈 채 지난 역사의 멍에를 안고 앞으로 살아갈 자신의 길을 생각하고 있는데 최근 이렇게 반환되는 미군 기지에 대하여 다양한 활용도가 제기되고 있다.

이러한 반환 기지의 활용으로 언론을 통해 제일 먼저 우리에게 알려진 것은 캠프 에드워드(월롱면)에 이화여대 교육·연구복합단지가 들어설 예정이며, 캠프 자이언트(문산읍)와 캠프 스탠톤(광탄면)에는 각각 서강대와 국민대의 글로벌캠퍼스가 들어선다는 것이다. 한편 캠프 하우즈(조리읍)에는 공원형 테마파크 조성이 이야기되고 있다. 이러한 발표가 잇따르자 이 일대 땅값은 치솟고 그동안 북방의 변두리로 소외되어 왔던 파주시민들은 들뜬 가슴에 그 기쁨을 감추지 못하였다.

〈파주시 주한미군 공여지 활용방안〉

이름	위치	활용방안	비고
캠프 보니파스	군내면	한국군 사용 중	JSA 위치
캠프 하우즈	조리면	공원형 테마파크	삼릉, 공릉관광지 포함
캠프 에드워드	월롱면	이화여대 교육·연구단지	1단계 발전계획포함
캠프 스탠톤	광탄면	국민대 글로벌캠퍼스	
캠프 자이언트	문산읍	서강대 글로벌캠퍼스	1단계 발전계획포함
캠프 게리오웬	문산읍	도시개발사업	인근부지 69만㎡ 포함
캠프 그리브스	군내면	남북 교류 기지	국방부와 협의 안됨
캠프 리버티벨	군내면	한국군 사용 중	JSA 위치

▲ 연합뉴스 2008.3.18.

그런데 우리가 여기서 하나 지적하고 넘어갈 사항이 있다. 그것은 바로 반환되는 공여지의 원상복구 문제이다. 현재 반환 예정기지의 환경오염 상태는 이미 언론을 통해 알려진 바와 같이 최악의 상태이다.

예컨대 이화여대가 들어설 예정인 캠프 에드워드는 파주 환경운동연합에 의하면 캠프 에드워드 미군기지 면적의 8%에 이르는 땅이 석유와 중금속에 오염되어 있고 지하수 역시 석유와 페놀에 오염되어 있다고 한다. 토지를 이용하거나 시설을 설치할 수 없는 기준으로 설정한 값의 10배에 이를 정도로 석유에 오염되었다고도 한다. 또한 아연이 법정기준치의 6배 이상 오염되어 있는가 하면 지하수 역시 석유기준치의 7배, 페놀기준치의 100배를 넘어 지하수 위에 떠있는 석유의 두께가 2m 40cm에 이를 정도라고 한다. 이렇게 오염되어 있는 미군기지를 원상복구시키는 문제가 최근 미군기지 이전문제에 있어서 큰 화두로 떠오르고 있다.

▲ 파주시 월롱면에 위치한 캠프 에드워드 오염실태 조사팀이 기지 땅속 지하수 위에 떠있는 석유를 나무막대에 무쳐 불을 지르고 있는 모습. 이곳은 이화여대의 교육·연구복합단지가 들어설 예정이다(사진 통일뉴스).

  이처럼 오염투성이로 변해버린 반환 미군기지의 오염 치유 비용이 언론에 따르면 최소 2조 원으로 이 액수는 그동안 환경부가 주장한 약 4,000억 원의 5배나 된다. 오염 치유 비용이 심지어는 15조 원에 이른다는 주장도 있다.

그 정확한 액수야 좀 더 면밀한 조사를 통해야 알 수 있겠지만 정부가 이 문제를 바라보는 관점은 가히 종속적 외교자세 그 자체임에 문제가 있다. 정부의 "한미동맹을 위해 미군기지 오염 치유를 한국정부가 떠안았다."는 발언이 그 관점을 말해 준다. 여전히 미국은 우리에게 선(善)이라는 냉전적 관점에서 벗어나고 있지 못한 것이다.

한편, 이러한 황당한 사태는 모호하기 짝이 없는 소파 4조 1항과 2항의 규정에서 이미 예견되었던 것이기도 했다. 그 모호한 규정의 해석을 둘러싼 샅바싸움에서 한국은 이미 초반부터 전의를 상실하고 있었다. 협상에 들어가는 국방부와 외교통상부는 '오염 원인자 치유 원칙'이라는 명분을 내세우고 있던 환경부와 한목소리조차 내지 못 했다.

〈한미행정협정(SOFA) 4조 1, 2항〉

1. 합중국정부는, 본 협정의 종료 시나 그 이전에 대한민국 정부에 시설과 구역을 반환할 때에, 이들 시설과 구역이 합중국 군대에 제공되었던 당시의 상태로 동 시설과 구역을 원상 회복하여야 할 의무를 지지 아니하며, 또한 이러한 원상 회복 대신으로 대한민국 정부에 보상하여야 할 의무도 지지 아니한다.

2. 대한민국 정부는 본 협정의 종료 시나 그 이전의 시설과 구역의 반환에 있어서, 동 시설과 구역에 가하여진 어떠한 개량에 대하여 또는 시설과 구역에 잔유한 건물 및 공작물에 대하여 합중국정부에 어떠한 보상도 행할 의무를 지지 아니한다.

이러한 사태 속에서 그 땅을 돌려받게 될 지방자치단체는 개발만을 채근하고 있었다. 명문대학들은 줄지어 투자 각서를 체결하고 기업들은 투자 유치 설명회에 넘실대고 있으니 협상은 무슨 협상인가. '싼 땅'에 눈독을 들이는 투기적 발상이 사회 각계각층에 넘쳐나는 나라에서 국가의 자존심 따위는 애당초 낯간지러운 가치일지도 모른다. 오염을 야기한 측이 오염을 치유하고 떠나야 한다는 지극히 초보적이고 단순 명쾌한 이치조차도 돌볼 수 없는 나라에 희망이 있는 것일까? 미군기지에서 퍼 올린 기름에서 피어 오르던 불길은 이 나라 환경주권을 태워버린 개발동맹의 환호성이 아니었을까? 이러한 생각에 멀리 바라보이는 텅 빈 미군기지들은 나를 슬프게 했다.

〈 '모든 생명은 다같이 소중하다' 라는 미군의 거짓말〉

지난 2002년 파주시 월롱면에 위치한 캠프 하우즈 병사들에 의하여 벌어진 여중생 사망사건으로 우리 사회는 주한미군을 바라보는 눈이 많이 바뀌었다. 하지만 미국이 주한미군과 대한민국 국민 양자를 어떻게 바라보는가를 명확히 보여주는 사건은 이미 그 이전에도 여러 번 있었다.

▲ 2002년 해프닝으로 끝났던 폭발물 사건의 현장 캠프 에드워드.

그 가운데 주한미군에서 전역한 한 병사의 진술로 인하여 발생한 사건이 있었는데, 이 사건은 비록 허위 진술로 인한 해프닝으로 끝났지만 이 사건을 처리했던 미군의 상황관리 행태를 보면 그들이 우리를 바라보는 관점이 명확히 보인다.

지난 2000년 1월 5일 캠프 에드워드에 있었던 폭발물 설치 사건이 바로 그것을 보여주었던 사건이다. 당시 파주시 월롱면 영태리 미군부대인 캠프 에드워드에 폭발물이 설치되어 있으며 1월 5일 폭발한다는 첩보로 인근지역 주민 3,000여 명이 엄동설한의 그 날 새벽 1시 30분께 긴급 대피하는 등 소동이 벌어졌다.

대피소동은 미연방수사국(FBI)이 지난 1998년까지 주한미군으로 근무했던 마약사범을 수사하는 과정에서 "파주시 캠프에드워드에 폭발물이 설치돼 2000년 1월 5일 중 폭발하게 돼 있다."는 진술을 확보하여 이러한 사실을 주한미군에 전하면서 시작된 것이다.

주한미군은 이 정보를 4일 오전 10시에 전달받고 곧바로 미군장병과 가족, 장비 등을 인근 부대로 피신시켰다. 그러나 미군은 무려 7시간이 지난 오후 5시가 되어서야 해당 지역 한국군 사단에 상황을 처음 통보했다. 군을 통해 파주경찰서와 파주시에 상황이 전달된 것은 오후 7시 15분쯤이었다. 더군다나 파주시는 5일 오전 1시 30분께야 부대 인근주민에 대하여 대피령을 내려 실제로 5일 자정에 폭발물이 터졌을 경우 대형 사고가 일어날 뻔했던 것이다.

캠프 에드워드는 공영부대(다른 부대에 물자를 공급하는 부대)이기 때문에 기름탱크를 비롯한 폭약과 탄약이 가득하다고 한다. 처음 시민들에게 내려졌던 대피령이 '반경 500m'에서 1km로 넓어진 것도 이 때문이다. 만약 이 부대에서 폭발물이 터졌다면 반경 1km 내에서 대피하지 못한 주민들은 상당수가 살아남지 못했을 것이다. 이 사건을 접한 당시 해당 지역 주민의 언론사 인터뷰기사는 우리의 현실을 보여주고 있는 것이었다.

"해가 지기도 전인 초저녁부터 부대 앞에 앰뷸런스하고 소방차가 있었어. 그냥 '부대 안에 무슨 일이 있나 보다.' 하고 지나쳤지. 설마 폭발물이 설치됐을 거란 생각을 했겠어?" …… "우리를 위해 주둔한다는 주한미군이 어떻게 자신들만 살려고 도망갈 수가 있어. 그게 우리를 위하는 거야?"

(3) 통일 민족주의의 사상적 지표, 〈장준하〉

파주시 광탄면 나사렛공원묘지에 안장되어 있는 항일 민족주의자이며 통일 민족주의자인 장준하의 묘를 찾았다. 이곳 묘소 바로 앞에는 주한미군에게 1954년 최초로 공여된 캠프 스탠톤이 흉가처럼 낙엽만 흩날리며 텅 빈 채 썰렁한 모습으로 남아 있다.

▲ 항일 민족주의자 장준하의 묘는 역설적으로도 최초의 주한미군 공여지인 캠프 스탠톤을 내려보고 있다.

당시 박정희정권의 3선 개헌에 대한 반대운동에 앞장서다 1975년 8월 17일 경기도 포천 약사봉 계곡에서 의문사한 장준하. 이러한 의문사에 대하여 최근 '민주화운동 관련 명예 회복 및 보상심의위원회'가 "2004년 의문사진상규명위원회에서 '진상 규명 불능'으로 결정했으므로 민주화운동과 관련된 사망으로 볼 수 없다."는 결정을 내린 뒤여서 왠지 이곳을 찾은 나는 망자에 대하여 약간의 죄책감마저 들었다. 훗날 반드시 그의 죽음에 대하여 올바른 판단이 있을 것을 기대해 보며 나사렛공원묘지 입구에서 묘소가 있는 언덕 위로 무거운 발걸음을 옮겼다.

▲ 파주시 광탄면 나사렛공원묘지에 안장된 통일 민족주의자 장준하.

나는 우리 시대 민족주의자 장준하의 묘 앞에 서서 지금으로부터 30년도 더 넘는 세월의 간극을 뛰어넘어 한 통일 민족주의자의 전형을 바로 오늘 신자유주의 세계화 시대 한복판에 되살려 보고자 한다.

장준하는 "민족주의자가 가야 할 길은 무엇인가? 한 인간이 민족적 양심에 따라 자기의 생애를 살아가는 길은 무엇인가?"라고 스스로에게 물으며 그 답으로 "그것은 자기의 개인적인 인간적인 삶, 고달픔과 보람을 민족의 그것과 함께하는 것이라."고 하였다. 그는 민족과 개인을 일치시키며 민족이라는 '집단' 속에서만 오로지 자기라는 '개인'을 발견할 수 있다는 명제를 제시하였다. 점차 세계화 속에서 개인주의가 만연하고 공동체가 깨져가는 이 시대에 그의 이러한 명제야말로 우리 시대 사상적 지표로 작용되어야 할 것이라고 생각된다.

항일의 깃발을 내린 뒤 장준하의 혼란

1944년 1월 일본신학교에 재학 중이던 그가 일제 학도병으로 끌려가 그해 7월 중국 서주에서 탈출하여 하늘을 오르기보다도 힘들다는 파촉령의 설원을 넘어 6천리 길을 걸어서 천신만고 끝에 찾아간 곳은 중경에 있던 임시정부였다. 이렇게 시작된 그의 항일 민족주의는 8·15해방을 맞이하고 김구의 비서로 이 땅에 들어와 '항일'이라는 표적을 잃어버리게 되었다. 또 통일된 자주 독립 국가 건설에서 쓰라린 좌절을 맛보아야 했을 때 그는 공허감과 무력감에 빠져들고 말았다.

해방되고 외세에 의해 조국이 분단되었을 때 고향이 평북이고 목사의 아들로서 신학생이었던 장준하는 친미반공의 일선에서 활동하였고, 그와 궤를 같이하여 이승만 통치에 그다지 비판적이지 않았다. 그는 훗날 8·15 뒤로 김구 선생의 곁을 떠나 이러한 자신의 모습에 대하여 크게 자책한다고 되뇌곤 했다는데, 그것은 8·15 뒤로 외세가 분단선을 긋고 외세와 결탁한 반민족 세력이 단독 정부를 세우려고 몰아칠 때, 백범 김구처럼 목숨을 걸지도 못했고, 그것을 민중의 역량으로 분쇄해낼 수 있도록 민중을 조직화해내지 못한 데 대한 자책이었다고 했다.

그는 4월 혁명 뒤로 일어난 조국통일운동을 환상적 논리라고 비판하면서 공산주의에 대한 대결을 상기시켰으며, 5·16군사반란을 "부패와 무능과 무질서와 공산주의의 책동을 타파하고 국가의 진로를 바로잡으려는 민족주의적 군사 혁명"으로 극찬하고 마는 잘못을 저지르고 있었던 것이다. 이러한 자신의 지난 과거의 모습에 대하여 훗날 그는 스스로 "낡은 자유주의만 앞세우는 잡지 경영에만 몰두함으로써 사실상 퇴영적 문화주의에 빠져 있었던 점을 자성"하였다. 이처럼 반공주의 아래서 항일의 깃발을 내린 장준하의 민족주의는 겨우 정신적 명맥만 유지되고 있었던 것이다.

7·4공동성명과 장준하의 변신

하지만 그의 빛바랜 항일 민족주의가 다시금 우리 역사에 당당하게 나서게 되는데 그것은 서구 자유민주주의의 편협한 틀을 부수고 통일 민족주의라는 거대한 이념으로 무장된 뒤였다. 비록 뒤늦은 길이었지만 그의 그러한 선택은 올바른 것이었고 또 온몸을 불사르는 헌신적인 것이었기에 나의 발길은 어두워지는 이 시간에도 이곳 나사렛묘소를 찾은 것이다.

그를 이렇게 사상적으로 새롭고 올바른 길로 나설 수 있게 한 것은 다름아닌 1972년 7·4남북공동성명이었다. 장준하는 "7·4성명이란 이와 같이 외세의 압력에 의하여 분단이 현실화된 민족사의 한 부분과 이 분단을 거부해온 민족사의 심연이라는 두 개의 부분이 논리적으로 또는 실천적으로 통일되기를 기원하는 백성들의 염원에 불을 당긴 쾌사였다."고 외쳤다.

중랑천의 가난한 판잣집에 사는 도시 빈민들 앞에 서서 그는 "7·4성명은 우리 민족의 거울이다. 이놈을 우리 민족의 현실 앞에 걸어놓고 있으면 조만간에 가짜와 진짜가 가려질 것이다. 통일을 진정으로 원하는 사람들이 한 짓인지 아니면 자기 정권을 유지하는 명분으로 한 짓인지 분명히 가려질 날이 곧 올 것이니 두고 보라."고 말했다. 이것은 실로 선견지명이 번득이는 설파가 아닐 수 없다.

그리고 그의 예언적 설파가 현실로 나타나기까지는 그리 오랜 시간이 걸리지 않았다. 박정희 군사독재정권이 이른바 '평화 통일에 관한 외교 전략'(1973.6.23)이라는 그럴듯한 기만의 포장지로 쌓아 세상에 내놓았던 '6·23선언'이 사실상 통일 민족주의에 대한 완전한 부정과 반역임이 밝혀졌을 때, 그는 무척 괴로움에 시달렸다고 한다.

그는 6·23선언이 발표되던 그 '반역의 날'을 맞은 자신의 쓰라린 심경을 이렇게 적었다. "그래도 나는 생각해 보았다. 석간신문 한 장을 들고 그 성명 내용을 조목조목 읽어보았다. 애들도 이미 잠들고 밤거리를 스치는 자동차 소리마저 끊긴 면목동의 깊은 밤, 나는 얼빠진 사람처럼 석간신문을 손에서 떼지 못하고 거듭 읽어가며 괴로운 심경을 달래야만 했다."

그의 괴로움은 깊은 밤에 스쳐가는 한 줄기 감상 따위가 아니었을 것이다. 민중이 냉전·분단 세력의 압박에 가위눌린 채, 아직 7·4남북공동성명에 천명된 통일 민족주의를 실현할 역사의 주체로 일어서지 못한 이른 새벽녘에, 통일 민족주의의 정치적 선언은 통일 민족주의에 반역의 칼을 댄 세력들에 의해서 한낱 휴지 조각처럼 허공에 날아갈 수밖에 없음을 뒤늦게 깨우치면서 얻은, 그처럼 살 아픈 자책과 반성이었으리라. 그리고 그것은 전면적 도전을 받았던 장준하의 통일 민족주의가 한때 휘청거릴 수밖에 없었던 신념의 위기이기도 했다. 그가 남기고 간 원고 초안 「민족통일전략의 현단계」를 읽노라면, 그의 자책과 반성이 진하게 느껴진다.

"이제 와서 생각하면 7·4성명은 사실 한 장의 휴지에 지나지 않았음이 밝혀졌다. 그러나 이것을 놓고 날뛰던 나 장준하, 이제 나도 내 일생 중에서 가장 위험한 시련에 맞서게 되었음을 직감하지 않을 수 없다. 나는 일찍이 20대에 일제의 학병으로 끌려가면서 그것이 죽음의 길이 아니라 나를 끌고 가는 그놈들과 마지막으로 목숨을 걸고 싸울 수 있는 기회임을 자각했을 때, 나는 오히려 나를 끌고 가는 일제의 청년이 된 것보다는 피 흘리는 식민지하의 젊은이임을 보람으로 느꼈었다. 그러나 60고비를 바라보는 지금 나는 이 희한한 민족사의 변전 앞에 보람보다는 일제하에서보다 더 암울한 곤혹을 느낀다. 왜 이 사태를 일찍 간파하지 못했고 왜 이 사태에 대항할 민중을 일으키지 못했는가."

장준하 그는 이처럼 7·4공동성명을 계기로 새롭게 태어났지만 단지 그곳에 멈추지 않고 민중 주체의 통일관으로 나아갔다. 통일 문제를 민중 주체의 관점에서 파악했던 통일 민족주의자 장준하의 진보적 통일관. 그것은 그대로 오늘 우리 시대 한 복판에서 힘차게 일어서고 있는 통일 시대의 통일관에 피와 살이 되어 뜨겁게 통하고 있다. 그는 다음과 같은 말을 남겼다.

"지금 통일은 국민들에게 새로운 희망을 주는 새로운 상징으로 등장하고 있다. 이것은 당연한 일이다. 하지만 어떻게 보면 이는 민족 통일을 민중과 갈라 현실적으로 이를 다루는 정부나 관계기관의 일로 보이게 하는 것이기도 하고, 또는 고향이 그립다든지 흩어진 가족이 보고 싶다든지 하는 감정과 차원에 그치게 하여 직접 이산가족이 아니면 민중의 실생활과는 관계 없는 것으로 만들어 버릴지 모른다. 통일은 처음부터 끝까지 민중의 일이다. 통일은 감상적 갈망이기도 하지만 우리가 하루하루 사는 생활과 직결된 것이다. 통일 없이는 가난, 부자유, 이 모든 현실적 고통은 결코 궁극적으로 해결되지 못함을 알고 알려야 한다. 그러므로 통일 문제는 민중 스스로가 관여하고 따지고 밀고 나가야 한다. 현재 진전되고 있는 남북 문제는 수많은 문제점을 안고 있다. 그러함에도 불구하고 이 문제점들은 보다 보충하고 염려해야 할 점이지 남북 관계의 진전 자체를 부정해야 할 근거가 못 됨은 변함이 없다."

장준하에게 통일은 감상적 갈망이기도 하지만 하루하루 사는 생활과 직결된 것이었다. 오늘의 시점에서는 약간 거리감을 느낄 수도 있겠지만, 장준하는 통일 없이는 가난, 부자유 등 모든 현실적 고통이 궁극적으로 해결되지 못하게 되어 있으므로, 통일문제는 민중 스스로가 관여하고, 따지고, 밀고 나가야 할 일이라고 생각하였다. 이곳 나사렛공원묘지 그의 묘소 앞에서 우리는 바로 이것을 느끼고 가야 할 것이다. 통일은 결코 우리와 떨어져 존재하는 것이 아니기에 우리와 민족을 일체시키고 그 속에서 통일을 바라보아야 할 것이다.

한편, 이러한 통일 민족주의의 사상적 지표는 1975년 8월 그의 죽음으로 위기에 처했지만 결코 멈춰 서지 않았다. 그의 벗 문익환 목사에 의해 장준하의 통일 민족주의는 역사 속에 당당히 자리잡고 있었던 것이다. 당시까지 정치와 사회문제에 관여하지 않았던 문 목사는 장준하의 주검을 흙에 묻으면서 그의 죽음 앞에 "네가 하려다가 못다한 일을 내가 하마."라고 스스로에게 맹세한다. 그리고 자신의 벗 장준하를 땅속에 묻고 수많은 역경을 거쳐 13년이 지난 뒤 문익환 목사는 평양으로 가서 김일성 주석을 만나 조국 통일을 논하였다.

이제 나는 장준하 그의 통일 민족주의를 가슴에 안고 이곳 나사렛공원묘지를 떠나고자 한다. 여기서 그의 유고 가운데 한 구절을 풀어놓고 다음 기행지인 보광사 비전향장기수 묘역 연화공원으로 발길을 옮겨본다.
"모든 통일은 좋은가? 그렇다. 통일 이상의 지상명령은 없다. 통일은 갈라진 민족이 하나가 되는 것이며, 그것이 민족사의 전진이라면 당연히 모든 가치있는 것들은 그 속에 실현될 것이다. 공산주의는 물론 민주주의, 평등, 자유, 번영, 복지 이 모든 것에 이르기까지 통일과 대립하는 개념인 동안은 진정한 실체를 획득할 수 없다. 모든 진리, 모든 도덕, 모든 선이 통일과 대립하는 것일 때는 그것은 거짓 명분이지 진실이 아니다. 적어도 우리의 통일은 이런 것이며, 그렇지 않고는 종국적으로 실현되지도 않을 것이다. 지난 7월 4일 남북공동성명이 발표되고 8월 말과 9월 초에는 적십자회담을 위하여 갈라졌던 동포가 27년 만에 오고갔다. 민족적 양심에 살려는 사람의 지상과제가 분단된 민족의 통일이라고 할 때, 어떻게 이 사실을 엄청난 감격으로 받아들이지 않겠는가? 말로 따지고 글로 적기 전에 콧날이 시큰하고 마침내 왈칵 울음을 떠뜨리지 않을 수 있으랴. 이것을 감상이라고도 하고 감정적이라고도 할지 모르지만, 이 감상, 이 감정 없이 그가 하나의 인간, 민족분단의 설움으로 지새워온 민족양심을 가진 사람이라고 하겠는가."(「민족주의자의 길」중에서)

참고로 매년 8월 17일 장준하의 기일에 추모제가 열리는데, 사망한 장소인 포천 약사봉 계곡(짝수 년도)과 시신이 안치된 이곳 파주시 광탄면 나사렛공원묘지(홀수 년도)에서 매년 교대로 진행되고 있다.

(4) 탈냉전 시대, 냉전세력에 의해 파괴된 〈비전향 장기수〉묘역

장준하선생의 묘가 있는 곳에서 자동차로 약 15분 정도의 그리 멀지 않은 곳에 보광사란 천년 고찰이 있다. 신라 진성여왕의 명으로 도선국사가 창건한 사찰이다. 당시는 국가의 비보사찰로서 한강 이북의 6대 사찰 중의 하나였다고 한다. 특정 종교를 갖고 있지 않은 내가 이곳을 찾은 것은 불교적 의미에서 찾은 것은 아니며, 이곳에 연화공원이라는 〈비전향장기수들의 묘역〉이 있었기 때문이다. 보광사 주차장에서 보광사로 오르는 길로 약 50m쯤 올라가서 좌측 언덕 위에 자그마하게 조성되어 있었다.

▲ 장기수묘역으로 조성되었다 우익단체에 의하여 파괴되고 난 뒤 연화공원의 현재 모습. '연우지석' 만 홀로 남아 있다.

 그런데 비전향장기수들의 영혼의 안식처였던 이곳 연화공원은 그 앞에 이것을 수식하고 있는 '통일애국투사 묘역'이라는 말 때문에 지난 2005년 12월 보수단체에 의해 파괴되어 버리고, 이제는 청화스님의 시가 새겨진 연우지석(戀友之石)이란 시비만 남아 있다. 이제 이곳은 모두 옮겨진 채 외로이 빈터로 남아 낙엽이 어지러이 쌓여 냉전의 상처로 남아있는 곳이다. 그야말로 죽어서도 사상검증과 전향을 요구받은 꼴이 되었다.

 인간이 짐승과 다른 점은 죽음의 의미를 안다는 데 있을 것이다. 하지만 한 인간이 자신의 사상과 신념을 지키기 위하여 목숨을 버린다는 것은 결코 쉽지 않은 문제임을 우리는 잘 안다. 이들은 한평생 감옥 속에서 자신의 목숨을 걸고 폭력과 회유를 뿌리치고 자신들의 신념을 지켰고, 또 그러한 신념 속에서 하나된 조국을 꿈꾸었던 사람들이다. 지금은 보수 우익세력에 의해 혼령이 되어서도 쫓겨갔지만 파괴 당시 이곳 연화공원에는 남파공작원 출신 최남규, 금재성과 빨치산 출신 류낙진, 정순덕, 손윤규, 정대철 등 비전향장기수 6명의 유해가 안치되어 있었다.

〈최남규〉

〈이력〉 스스로 "백두산 장군(김정일)에 대한 충성" 때문에 전향하지 않았다고 밝힌 최남규(1912생)는 청진대학 지리학 교수로 재직 중 1957년 남파 후 그해 체포돼 15년형을 선고받고 출소 후 3년간 엿장수 생활을 하다 1975년 7월 사회안전법으로 다시 구속돼 1989년 석방. 그는 출소 직전인 1989년 5월 11일 청주보안감호소에서 '그날 그때가 올 때까지' 라는 제목의 글을 통해 다음과 같이 주장했다. "가고픈 내 고향에 가고파도 내 못가네. 광복된 이 조국에 38선 웬 말인가 이 땅 뉘 땅인데 주인행세 누가하고 아름다운 금수강산 짓밟질랑 말고서 돌아가라, 사라져라, 어서 꺼져버려라. 고-홈 고-홈 양키 고 홈"

〈비문〉 "해방 후 청진 교원대학 지리학 교수로 교육사업에 헌신하였으며 조국통일을 위해 헌신하시다가 1957년 구속되어 29년의 감옥생활에서 지조를 지켜내신 민중의 벗! "백두"옹 여기에 잠드시다."

〈금재성〉

〈이력〉 1924년 충남 대전 출생. 보통학교 졸업 후 원산에서 사회주의 활동을 하다가 1944년 금촌 소년 형무소에 투옥. 출소 후 1945년 공산당에 입당해 독찰대(헌병) 원산지구 대장으로 활동하던 중 인민군으로 참전. 정전 후 원산 주을전기전문학교 교장으로 근무하던 중 1956년 정치공작원으로 남파돼 고향인 대전에서 간첩활동. 그는 이듬해 체포돼 15년형을 선고받고 1972년 대전교도소에서 만기 출소.

〈비문〉 "일제강점하 민족해방투쟁으로 3년의 소년 옥과 해방 후에는 조국통일을 위해 57년 투옥되어 30년의 형옥 속에서도 전향을 하지 않고 당신의 지조를 지키며 빛나는 생을 마치다."

〈류낙진〉

〈이력〉 1928년 전북 남원 출생. 전쟁 때 지리산 빨치산으로 활동하다 체포돼 사형선고를 받은 뒤 1957년 가석방된 후 63년 '혁신정당' 사건으로 구속돼 1967년 석방됐고, 1971년 다시 '호남통혁당재건委' 사건으로 무기징역을 선고받고 1988년 가석방. 출소 후 1994년 '구국전위' 사건으로 구속돼 8년형을 선고받고 1999년 광복절특사로 석방. 2002년 백운산지구 빨치산위령비 비문(碑文)작성 사건으로 징역 8월, 집행유예 2년을 선고받았다. 범민련 남측본부 고문으로 활동하다 2005년 사망. 그의 가족들은 부의금 5천만 원을 통일운동에 써달라며 범민련 남측본부에 기탁.

〈비문〉 "민족자주 조국통일의 한길에 평생을 바치신 선생님, 우리민족사에 영원히 빛나리라."

〈정순덕〉

〈이력〉 1933년 경남 산청 출신으로 6·25사변 발발 후 인민위원회 활동을 하던 남편을 따라 1951년 스스로 빨치산이 됐다. 국군의 대대적 토벌작전으로 지리산에서 덕유산으로 쫓겨 가 빨치산 활동을 지속하다 1963년 11월 체포. 이후 대구·공주·대전교도소에서 23년 간 복역하다 1985년 8월 가석방.

〈비문〉 "마지막 빨치산 영원한 여성전사, 하나 된 조국 산천의 봄꽃으로 돌아오소서"

〈손윤규〉

〈이력〉 전북 부안 태생. 해방 후 남로당에 가입해 활동하다 전쟁 당시 지리산에서 빨치산으로 활동. 이후 그는 1955년 경찰특무대에 구속되어 육군 고등군법회의에서 사형을 선고받고 수감생활을 하던 중 1976년 강제전향공작에서 단식투쟁으로 저항하다 강제급식으로 옥사(獄死).

〈비문〉 "조국통일을 위해 투쟁하시다가 비전향으로 옥중에서 생을 마친 열사! 여기에 잠들어 계시다."

〈정대철〉

〈이력〉 1927년 평북 용진 출생. 1946년 공산당 입당. 1950년 전쟁 중 중

대장으로 지리산으로 입산하여 1951년 체포되어 사형을 선고받았으나 4·19 때 20년으로 감형되어 1973년 출옥. 1975년 사회안전법으로 다시 복역 중 1989년 사회안전법 폐지로 37년 7개월 옥살이를 마치고 출옥. 1990년 11월 병든 몸으로 돌봐줄 사람이 없어 자살을 선택.

〈유서〉 "…… 세상을 하직합니다. 살아서 아무 역할도 못한 것이 죽어서나마 한 그루의 나무를 밑거름이 되고자 합니다. 현 위치에다 그대로 묻고 그 위에다 잣나무 한 그루 심어주길 바랍니다."

연화공원의 조성과 우익세력에 의한 파괴

이 연화공원이 조성되기 전에는 그늘진 산비탈에 비석만 초라하게 서 있던 곳이었지만 비전향장기수들의 모임인 '통일광장'과 실천불교승가회 그리고 시민사회활동가들이 한평생 조국통일 운동을 해오다 운명한 비전향장기수들의 유해를 모시기 위해 노력하였고, 또 이들의 노력에 당시 보광사 주지 일문스님이 흔쾌히 사찰의 땅을 일부 내주어 100평 내외의 자그마한 이 공원을 조성한 것이다. 하지만 연화공원은 운명한 비전향장기수들의 임시 안식처일 뿐, 영원한 쉼터는 아니었다. 통일광장을 중심으로 한 시민사회단체들은 남북평화협상 등을 통해 비전향장기수 2차 송환과 함께 유해송환운동을 추진할 방침이었던 것이다.

보광사 주지 일문스님은 "보광사에 장기수 묘역을 마련한 것도 북한땅에 조금이나마 가까운 곳에 묻히고 싶은 그들(장기수들)의 바람 때문이었다."면서 "사상 동조 여부를 떠나 우리 사회가 이제는 한국 현대사 속에서 희생된 이분들을 포용할 여건이 됐다고 생각한다."며 "공동묘역 마련은 불교 자비사상의 표현이기도 하다."고 흔쾌히 묘역부지를 제공해 준 것이다. 이처럼 비전향장기수의 묘지와 비문 조성의 내력을 보면 거기에는 아무런 원한도 없을 뿐더러 이념의 문제도 없었다는 것을 알 수 있다.

▲ 파주 광탄면 보광사 입구에 2005년 5월 27일 조성된 연화공원. 안내석의 '불굴의 통일애국투사 묘역'이란 것이 보수단체에 의해 문제제기된 것이다(사진 통일뉴스).

하지만 아직도 우리의 보수세력은 그리 넉넉하지 못한 것 같다. 조선일보 등 보수언론에서 연화공원의 '불굴의 통일애국투사 묘역'이란 묘역 안내석의 문구를 문제삼은 데 이어 한나라당이 "비전향장기수를 통일애국지사로 받드는 이 묘역이 파주에 조성된 것은 대한민국의 정체성을 흔드는 것"이라며 논란을 확산시켰다. 이렇게 조선일보에 의해 논란이 시작되고 이를 통해 연화공원의 존재가 세상에 크게 알려지면서 수구단체들은 묘역을 찾아가 묘비를 발로 차고 붉은색 페인트로 칠하는 등 묘역을 훼손했으며, 급기야 2005년 12월 5일 수십 명의 북파공작원 HID회원과 광탄면 영장2리 마을주민들이 해머로 묘비를 부수고 곡괭이로 무덤을 찍어 묘역을 심하게 훼손시켜버렸다. 이 과정에서 류낙진 선생의 유골함이 들어나는 등 유해가 훼손되는 일까지 벌어진 것이다. 이처럼 분단의 틈바구니 속에서 일생 동안 고난을 받은 장기수분들에게 몸 뉘일 한 평의 땅조차 허용하지 않는 극단적인 냉전의 사고, 폭력적인 태도가 아직도 남아있는 것이다.

5. 민통선 밖의 분단과 통일 ■ 227

이 사건에 앞서 같은 해 8·15 민족대축전 당시 북측 대표단이 자신의 적으로 한때 총부리를 겨누었던 국군이 안장되어 있는 현충원을 참배하였던 것을 생각하면 아직도 우리 남쪽은 그 사상적 편협함에서 벗어나지 못하고 있는 것이 아닌가 하는 생각에 착잡한 마음을 가눌 길이 없다. 지조를 지킨다는 것이 어느 한쪽의 이름으로 이렇게 역적이 되어야만 하는 현실 속에서 우리는 인간다운 가치를 어떻게 말할 수 있을까? 최소한 그 신념과 의지만이라도 박수를 받아야 할 일이지만 이 시대 우리의 정치논리는 그들에 대하여 용서할 수 없는 악마로 손가락질하며 무지막지하게 매도만 하였다. 오랜 세월 가족들의 고통과 설움은 또 얼마나 크고 깊었을까? 무슨 말을 하랴. 시비만 외로이 남아 텅 빈 채 낙엽으로 뒤덮힌 이곳 연화공원에서 나는 두 손을 모으고 한동안 눈을 감았다. 옥고를 치르면서도 전향을 강요받았던 이들이 죽어서도 이렇게 전향을 강요받아야 하는 현실에 이제는 좀 더 넓은 생각으로 세상을 바라봤으면 하는 바람 간절할 뿐이다.

비전향장기수의 발생연원

그렇다면 우리 사회에 있어서는 안될 비인간적이고 반생명적인 '비전향장기수'란 말이 생기게 된 것은 무엇 때문일까? 과연 무엇이 이들을 '신념의 화신'으로 만들어 놓은 것일까 많은 생각을 해보았다. 그것은 바로 국가기관의 폭력과 강압에 의한 강제전향이었던 것이다. 일본제국주의가 한창이던 1930년대 시작된 이 고약한 제도는 일본에서는 패전과 함께 사라져버렸지만, 우리나라에서는 이승만시대를 거쳐 박정희 집권기간에 절정에 달했다. 그리고 이 야만적인 제도는 비전향장기수라는 100여 명의 독특한 인간군을 낳았다.

2000년 남북정상회담의 가장 직접적인 성과로 이들 비전향장기수 중

63명은 2000년 9월 수십 년의 옥중생활에서 꿈에도 그리던 조국 북으로 돌아갔다. "만약 꿈길에도 발자국을 찍을 수 있다면 문앞의 돌길이 다 닳아 모래가 되었을 것을(若事夢魂行有跡 門前石路半成砂)"이란 시를 남쪽의 벗들에게 남겨두고서. 분단 이후 일제잔재를 더욱 악랄하게 발전시킨 강제전향제도를 이겨낸 비전향장기수들과 출소 이후 사망자를 포함한 총 94명이 산 징역 횟수를 합하면 모두 2,854년, 한 사람당 평균으로는 31년이다. 27년간 징역을 살고 나와 지구촌을 놀라게 했던 남아프리카공화국의 넬슨 만델라도 이 땅의 비전향장기수 집단에 데려다 놓으면 반 평균을 깎아먹는 처지가 된다. 그만큼 오랜 세월을 이들은 0.7평 독방에서 보냈다. 기네스북에 세계 최장의 장기수라는 달갑지 않은 별명을 올린 김선명 선생은 1951년 투옥되어 45년을 옥중에서 보내고서야 사회로 돌아왔다. 김선명 선생보다 며칠 앞서 투옥된 분으로 지난 2000년 북에서 돌아가신 이종환 선생이 있지만, 김선명 선생보다 2년 먼저 출옥해 김선명 선생이 그런 타이틀을 안게 되었다.

분단정권으로 출현한 이승만정부는 일제의 사상보국연맹을 본받아 보도연맹을 만들어 전향자들을 대거 가입시켰다. 그리고 전쟁이 일어나자 약 30만 명에 달하던 보도연맹원들 중에서 한강 이남 지역의 맹원 대부분은 경찰 소집으로 조직적으로 '처리' 되었다. 이남에서의 강제전향공작은 이렇게 전향자들을 한번 싹쓸이한 토대 위에서 1950년대 다시 시작되었다.

그리고 이러한 강제전향제도가 극심하게 작동되었던 것은 박정희정권이다. 5·16군사반란으로 집권한 박정희는 전국의 각 교도소에 수감되어 있던 좌익수 800여 명을 이남의 모스크바라 불리게 된 대전형무소로 집결시켰다. 그 뒤 1968년 청와대 습격사건(1월 21일), 푸에블로호 나포사건(1월 23일) 등이 연이어 일어나자 북의 특수부대가 대전형무소를 공격하여 좌익수들의 탈출을 꾀할지도 모른다는 우려가 제기되었다. 이에 박정권은 대전에 좌익수 일부를 두고 광주, 전주, 대구, 목포 등지로 분산시켰는데, 1년 뒤 목포는 취약지대라고 수용자들을 다시 대전으로 이감했다.

박정희정권의 강제전향공작이 본격화한 것은 1973년 6월 대전, 광주, 전주, 대구 등지의 교도소에 중앙정보부의 지휘와 책임 아래 '사상전향공작반'이 설치되면서였다. 1960년 4월혁명 이후 장면 정권은 간첩죄를 제외한 모든 무기수들을 일률적으로 20년형으로 감형시켰는데, 1970년대 초반이 되자 이들의 출옥이 임박한 것이다. 또 1972년 7·4남북공동선언 등 남북관계가 일시적으로 진전을 보자, 박정희정권은 합법공간이 열릴 것을 우려하여 비전향장기수들을 전향해야 내보내는 것으로 방침을 정했다. 박정권은 한편으로는 강제전향공작을 벌이면서 다른 한편으로는 형기를 마쳤으나 전향을 거부하는 사람들을 재판 없이 계속 구금하기 위해 사회안전법을 준비했다. 이 당시에 강제전향이 그토록 폭력적으로 실시된 데에는 어쩌면 박정희 자신의 열등감이 작용했을지도 모른다. 남로당의 군사부 핵심간부였다가 여순반란사건에 연루되어 사형선고를 받았을 때 함께 사회주의 혁명투쟁을 전개했던 동지들의 명단을 모두 넘겨주고 살아남은 박정희에게 끝까지 전향을 거부하는 장기수들이 곱게 보였을 리 만무하다.

일제 때부터 지금까지 지속돼오고 있는 전향거부투쟁은 단순히 '자신의 정치적 신념과 양심'을 지켜내기 위한 소극적인 의미만이 아니라 제국주의에 맞선 식민지해방투쟁의 정당성을 지켜내기 위한 투쟁이었고, 반공과 반북 이데올로기를 기반으로 분단을 영구화시키려 했던 독재정권과의 목숨을 건 정치투쟁이라 할 수 있다. 개인의 꿈과 한 인간의 실존적 터전에 자유가 넘치는 봄날은 정녕 어렵기만 한 일일까? 국민을 위하고 국가를 위하고, 미래의 민족과 역사를 위한 일이라는 참으로 그럴싸한 명분 아래, 아부하지 못하는 양심과 힘 약한 개인들의 인간다운 권리는 참으로 어처구니 없이 꺾이고 피 흘리고 통탄의 절규 속에 죽어가기도 한다. 여전히 정치 논리가 힘이 되고 정의가 되는 세상에서, 사람 사이의 순수한 인연과 여러 사상들이 자유롭게 공존하는 봄은 아직도 멀기만 한 것일까? 여러 색깔과 각기 다른 모양의 꽃들이 자유롭게 피어 아름다운 꽃 세상을 이루듯 사람들의 다양한 몸짓과 목소리는 서로 어우러져 아름다운 화음으로 될 수는 없는 것일까? 사회적 동물이라는 명제 아래 인간의 꿈들은 참으로 무참히 정치 폭력에 희생되고 있는 것은 아닌지, 외세의 역사를 벗지 못하고 냉전 이데올로기로 동족끼리 처절한 응어리를 만든 우리 민족은 지금도 철조망을 사이에 두고 참으로 잔인한 세월을 살고 있다. 그리고 지난 냉전시대의 논리인 '빨갱이 논리'는 아직도 가장 확실한 시대의 선악관이 되어 우리를 한없이 맥 빠지게 한다. 하지만 지난 시대가 물러나고 새로운 시대가 앞으로 나오는 과정에서 모든 만물이 그러하듯이 그것은 지난 시대의 추억에서 벗어나지 못 하는 최후의 저항인 것이다. 이렇게 새로운 세상이 오는 것이지만 혹시라도 그 과정에서 비록 소수일지라도 다치는 일이 있지는 않을까 걱정해 보며 이제 모든 기행을 마치고 서울로 돌아가기로 하였다.

〈장기수 가족들 삶의 이야기〉

내가 찾은 보광사 장기수묘역 연화공원에 안치된 분 가운데 류낙진 선생은 국민배우로 우리에게 알려진 문근영의 외할아버지이다. 밝고 청정한 이미지로 전 국민들로부터 많은 사랑을 받고 있는 배우 문근영의 가슴 아픈 가족사가 최근 조금씩 알려지게 되었는데 여기서도 문근영 가족이야기로 장기수뿐만 아니라 그 가족들의 고통에 대하여 나눠 보고자 한다.

문근영의 외할아버지는 '통혁당 재건 사건', '구국전위 사건', 등으로 30년 넘는 세월을 장기수로 복역했던 통일운동가 류낙진 선생이다. 장기수 류낙진 선생 일가에 대한 아픈 가족사는 광주 지역의 재야계에서는 어느 정도 알려진 내용이었다. 특히 아내인 신애덕 여사(74)의 지나온 50여 년 세월은 한 편의

▲ 민족자주 조국통일의 한길에 평생을 바치신 류낙진 선생 영결식. 국민배우 문근영의 외할아버지이기도 하여 일반인들의 이목이 집중되었다(사진 통일뉴스).

영화 시나리오로도 손색이 없을 정도이다. 신애덕 여사 역시 전쟁이 발발한 1950년 류낙진 선생과 함께 지리산 빨치산으로 활동하였으며 1953년 전신에 4발의 총탄을 맞으며 체포되었다. 그 뒤 류낙진 선생도 체포·구속되어 그를 면회간 것이 계기가 되어 사랑이 싹트고 그 후 류낙진 선생이 석방되어 1958년 둘은 결혼하게 된 것이다.

그 뒤에도 계속 수배, 구속, 투옥을 반복하다 1971년 보성의 중학교 교사였던 남편 류낙진 선생이 '통혁당 재건사건'으로 고정간첩으로 몰려 구속된 이후, '빨갱이 가족'이라는 따가운 시선 속에서도 남편을 대신해서 시장 행상과 보험 외판원 등으로 어린 시동생 두 명과 네 남매를 교육시켰다. 그러던 1980년 광주항쟁 당시 자식과 다름없는 시동생 영선 씨(당시 전남대 재학)가 진압군의 총탄에 사망하고, 역시 경찰에 연행돼 간 큰딸(문근영의 큰이모, 당시 조선대 재학)과 막내아들(당시 고교생)의 생사를 확인하는 과정에서 심한 고초도 겪어야 했던 것으로 알려졌다.

그런 신 여사가 최근 문근영의 외할머니로 매스컴에 이따금씩 등장하면서 광주의 재야계에서 조심스레 "문근영이 장기수 류낙진 선생 일가의 외손녀"라는 소문이 퍼지기 시작했다. 외할머니 신 여사는 광주에서 공무원 생활을 하고 있는 문근영의 부모를 대신해 촬영장을 일일이 쫓아다니며 외손녀의 뒷바라지를 해 주는 사실상의 '매니저' 역할을 하

고 있는 것으로 알려졌다. 문근영 또한 이런 외할머니에 대한 사랑이 각별한 것으로 전해졌다.

특히 문근영은 최근 연기활동 등으로 벌어들인 수입의 대부분을 어려운 이들을 돕기 위한 성금으로 기부하고 있고, 또한 북녘 동포 돕기 운동에도 나서는 등 선행이 잇따르고 있다. 이 역시 할아버지, 할머니의 영향이 컸다고 본다. 남들보다 더 아팠던 만큼 남들보다 더 반듯해야 한다는 가정교육 때문인 것 같다. 실제 문근영은 고향인 광주시에서 인재 양성을 위해 운영 중인 '빛고을장학회'에 2,000만 원을 기탁한 것을 비롯해 사회복지공동기금 성금 1,000만 원, 광주국제영화제 성금 1,000만 원, MBC 〈느낌표〉 순천 '기적의 도서관 짓기' 성금 500만 원 등을 잇따라 냈다. 언론 보도를 통해 확인된 것만 이 정도고 실제로는 이보다 훨씬 많다고 한다. 북의 용천 대참사가 일어나자 그는 용천 참사동포돕기 바자회에 직접 참여했고, 북에 연탄 보내기 자선행사에 동참하여 북녘 땅을 밟은 가장 어린 연예인으로 기록되기도 했다. 뿐만 아니다. 광고 출현 등으로 번 돈은 거의 예외 없이 성금으로 썼다. 특히 학생복 모델로 받은 돈 3억 원은 전액을 소아암 환자 돕기와 책읽는사회운동본부에 기부하면서 화제를 일으켰다.

언론보도에 따르면 이에 대해 문근영은 "엄마는 내게 '어려움을 아는 사람이 어려운 사람을 돕는 것'이라고 말씀하셨다. 부모님께서도 넉넉하지는 않지만 두 분 모두 공무원이어서 충분히 능력이 있는데, 어린 제가 많은 돈을 버는 것을 속상해 하신다. 그래서 그 돈을 더더욱 함부로 쓸 수 없다고 하신다. 나도 아빠 엄마의 뜻을 전적으로 따르기로 한 것"이라고 밝힌 바 있다. 문근영의 소속사 관계자 또한 "근영이는 부모님과 외할머니의 교육 영향으로 행동이나 생각이 또래 연예인에 비교해 두드러질 만큼 어른스럽고 아주 반듯하다. 영화 〈어린 신부〉 이후 모델료가 많이 올라 수익이 상당했으나 예전과 마찬가지로 거의 대부분을 기부하고 있다. 근영의 부모님 역시 근영이 벌어들이는 돈으로 재산을 불릴 생각이 전혀 없다고 말씀하신다."고 밝히기도 했다.

6

돌아오는 길
- 맺음말을 대신하여

돌아오는 길 – 맺음말을 대신하여

　나의 통일기행은 보광사의 옛 장기수 묘역인 연화공원을 마지막으로 정리되었다. 이번 통일기행은 6·15공동선언의 참뜻을 새기고자 〈김대중도서관〉에서 시작하였고, 또 이동경로로 김대중도서관에서 가까운 강변도로를 따라 '자유로'를 이용하였지만 돌아오는 길은 통일의 상징적인 길로 알려진 1번 국도 '통일로'를 선택하였다. 앞서 기행 속에서 살펴보았듯이 '자유로'가 갖고 있는 배타적 의미를 잊어 버리고 이제 7·4공동성명이 발표되던 1972년 개통된 통일로를 이용함으로써 마음 속으로라도 자주, 평화, 민족대단결이라는 조국통일 3대원칙이 우리가 통일을 이루는 데 그 이정표임을 다시 한번 가슴 속에 새겨보기 위함이었다. 통일로는 통일을 지향하는 남북화해의 길로 자리 매김되어야 함에도 불구하고 가는 길 곳곳에 전쟁을 상기시키는 기념물들이 즐비하다. 하지만 이러한 것들은 이제 냉전시대의 잔재로서 앞으로 사라져야 할 모습이기에 더 이상 큰 의미를 두지 않고 오직 그 이름 '통일로'라는 세 글자만을 가슴에 넣도록 해보자는 생각에 통일로를 달리면서 오늘 하루 돌아본 여러 곳들을 머릿속에 떠올리며 집으로 향하였다. 그런데 자동차가 파주시와 고양시를 차례로 벗어나며 서울로 접어들즈음 검문소 앞 신호등에 걸려 정차해 있는 동안 좌측 고양시 지축마을 입구에 놓인 비석의 글귀가 눈에 들어왔다. 짧은 한 줄의 문장이었다.

　"우리의 모든 것을 祖國統一에 바치리라."

　이제 이 비석에 새겨진 글처럼 우리 민족의 대과업인 조국통일을 7천만 우리 겨레가 모두 하나되어 이루어 낼 그날을 기대해 본다. 자기라는 개인과 민족이라는 집단을 하나로 통합시킬 때만이 인간은 그 속에서 새롭게 태어난다는 것을 나는 이번 기행을 통해 느끼게 되었다. 인간은 결코 개인으로 존재하는 것이 아니라 집단 속에서 그 사회적 의미를 찾을 수 있는 것이고, 그러한 집단 속에서 자신의 행복과 존엄이 지켜지는 것이다. 따라서 하나가 모두이며 모두가 하나인 것이다. 이러한 것은 우리 불교의 핵심사상인 '一卽一切, 一切卽一(하나가 전체, 전체가 하나)'의 화엄사상과 같다. 이제 우리는 '전체는 하나를 위하여, 하나는 전체를 위하여'라는 슬로건을 앞세우고 우리의 통일운동은 전진해 나가야 할 것이다.

또한 이제는 비록 서로의 생각과 방법이 다르더라도 '조국의 자주적 평화통일'이란 목표만 같다면 널리 서로 손잡고 어깨 걸고 함께 그 길로 나아가야 할 것이다. 지난날의 적대와 증오를 접고 이제 한민족으로서 서로 화해하고 협력하여야 우리 민족의 자주적 평화통일은 가능할 것이다. 벌써 2차에 이르는 남북 정상 간의 만남이 있었듯이 이제 통일의 시대는 더 이상 거스를 수 없는 역사의 흐름인 것이다. 도도히 흐르는 역사의 물결에서 그것에 거역하는 행태들이 간혹 일어난다고 하여도 그것은 이미 그 거대한 흐름을 되돌릴 수 없는 것이다.

"나는 천황의 신민이다. 내 자식도 천황의 신민으로 살 것이다. 성을 가야마라고 고치는 것이 좀 더 천황의 신민답다고 생각하기에 창씨를 했다."며 조선민족의 열등함과 항일혁명의 허무함을 떠들던 소설가 이광수가 해방을 맞이하여 "이렇게 빨리 해방이 될 줄은 정말 몰랐다."고 한 말처럼, 지금의 반통일세력들이 "이렇게 빨리 통일이 될 줄은 정말 몰랐다."라고 말할 수 있도록 이제 모든 통일세력은 하나가 되어 힘차게 통일의 역사를 열어 나아가야 할 것이다. 민통선이 해제되고 남방한계선과 북방한계선이 무너져 비무장지대에서 남과 북 모든 우리민족이 통일의 기쁨을 함께 할 날을 기다리며 나는 이번 민통선-DMZ 통일맞이 나들이를 정리해 본다.

찾아보기

ㄱ

개성공단 / 115, 117, 118, 133, 136, 137, 138, 140, 141, 142, 147
경의선도로 남북출입사무소 / 115, 117, 118, 123
경의선의 슬픈 역사 / 124
경의선철도 남북출입사무소 / 115
공동경비구역 / 104, 152, 162, 166, 167, 168, 170, 173, 191
교하천도론 / 38
국가연합제 / 22, 62
국제친선전람관 / 18, 146
군내초등학교 / 176
군사분계선 / 41, 43, 48, 50, 51, 52, 54, 56, 57, 58, 59, 60, 73, 92, 104, 105, 122, 129, 131, 132, 135, 136, 138, 143, 150, 162, 163, 165, 170, 171, 172, 173, 185
군사시설보호법 / 56, 57, 60, 61
귀농선 / 60, 110

기정동 마을 / 136, 171, 172, 176
김대중도서관 / 13, 15, 18, 31, 36, 69, 237
김일성-카터 회담 / 45

ㄴ

남방한계선 / 50, 58, 60, 73, 131, 132, 135, 143, 144, 154, 191, 238
남북기본합의서 / 14, 15, 25, 116, 120, 122
남북철도연결 / 129, 130
남측 통일관 / 39
널문리 / 162, 169, 170, 172
노래 '림진강' / 106, 107, 108, 109
노래 '하나' / 163, 164
노벨평화상 / 16, 19, 186

ㄷ

대북선전탑 / 73
대성동 민사규정 / 173

대성동의 태극기 / 176
대성동초등학교 / 176
대인지뢰 / 154, 182, 185, 186, 187, 188, 189, 199
대전차지뢰 / 154, 184, 185, 186
덕진산성 / 193
도라산물류센터 / 115, 117, 144
도라산역 / 102, 103, 115, 123, 124, 125, 126, 127, 128, 129, 133, 135, 144, 147, 179
도라산의 유래 / 134
도라전망대 / 59, 112, 114, 133, 135, 137
동아일보 왜곡보도 / 87

ㅁ

무장간첩 섬멸 기념비 / 34
문익환 목사 시비 / 126
미군기지 환경오염 / 210
미루나무 절단 사건 / 166
민통선 / 41, 57, 58, 60, 61, 73, 76, 97, 101, 102, 103, 104, 109, 110, 111, 113, 114, 115, 117, 121, 123, 143, 152, 154, 155, 166, 170, 171, 176, 179, 180, 181, 182, 188, 191, 192, 194, 197, 198, 199, 206, 207, 238
민통선-DMZ 출입절차 / 101

ㄹ

루즈벨트 / 84, 85
류낙진 / 224, 225, 227, 231, 232
리비교 / 103

ㅂ

박봉우 시비 / 79
발목지뢰 / 185, 186
북미 제네바합의 / 46, 128
북방한계선(NLL) / 50
북진교 / 103
북진로 / 40
북진통일로 / 40, 41

북한군/중국군 묘지 / 197, 198,
　　202, 205
비무장지대 / 41, 48, 51, 54,
　　60, 61, 67, 73, 92, 99,
　　104, 111, 124, 129, 131,
　　133, 135, 136, 143, 147,
　　149, 150, 151, 153, 155,
　　162, 168, 170, 171, 172,
　　173, 174, 187, 188, 207,
　　238
비전향장기수 묘역 / 221

ㅅ

소떼 방북 / 104, 105
소파 4조 / 212
송악산 / 133, 136, 137, 138
스토리사격장 / 182, 188, 190,
　　191, 206
신곡수중보 / 33
신탁통치 / 64, 84, 85, 86, 87,
　　89

ㅇ

에버레디 작전 / 95
연방제 / 20, 22, 26, 142

연화공원 / 221, 222, 223, 224,
　　226, 227, 228, 231, 237
오두산 통일전망대 / 48, 50, 51,
　　57, 60, 65, 67, 68, 69
옥중서신 / 16
유엔사 / 52, 53, 54, 55, 56,
　　58, 90, 93, 94, 105, 106,
　　131, 132, 149, 151, 152,
　　153, 157, 158, 160, 161,
　　162, 163, 167, 168, 172,
　　173, 174, 178, 207
윤영란 / 163, 164
인공기 / 136, 176
임진각 / 32, 33, 41, 69, 73,
　　74, 75, 76, 79, 82, 83,
　　101, 125, 206
임진각공원 / 68, 73, 76, 79,
　　80, 82, 89
임진강 6·15 사과원 / 179,
　　180, 181
1·21 청와대 습격사건 / 202
6·15공동선언 / 13, 14, 15, 16,
　　22, 23, 25, 34, 74, 115,
　　180, 237
6·23선언 / 24, 25, 219
LG 디스플레이 공단 / 35, 74,
　　75

One Korea와 Two Koreas / 23

ㅈ

자유로기념비 / 36
자유의 다리 / 41, 43, 46, 89, 90, 91, 97, 102, 103, 125, 204
자유의 마을 / 43, 103, 170, 171, 172, 173, 176, 191
잠실수중보 / 33
장준하 / 205, 207, 215, 216, 217, 218, 219, 220, 221, 222
적군 묘지 / 198
전진교 / 103, 197
접경지역경계 / 61
정전협정 / 21, 26, 27, 48, 49, 50, 51, 52, 53, 54, 55, 56, 57, 58, 59, 61, 89, 90, 96, 97, 105, 106, 131, 132, 135, 143, 161, 163, 167, 168, 169, 170, 171, 172, 173, 174, 186, 200
제3땅굴 / 59, 112, 135, 142, 143, 147, 149, 150, 152, 179
제네바협정 / 92, 93, 94, 199
조국통일 3대원칙 / 14, 43, 69, 237
조만식 / 61, 62, 63, 64, 65
JSA 경비대대 / 151, 152

ㅊ

1994년 한반도 전쟁위기 / 44
7·4공동성명 / 13, 14, 15, 25, 218, 220, 237

ㅋ

캠프 게리오웬 / 206, 207, 208, 210
캠프 그리브스 / 206, 207, 208, 209, 210
캠프 보니파스 / 106, 151, 152, 153, 154, 155, 156, 157, 158, 160, 161, 179, 191, 206, 207, 210

캠프 스탠톤 / 207, 208, 210, 215
캠프 에드워드 / 206, 207, 208, 210, 211, 214
캠프 자이언트 / 206, 207, 208, 209, 210
캠프 키티호크 / 156
캠프 하우즈 / 207, 209, 210, 213

ㅌ

탱크방벽 / 31, 33, 40, 60, 143, 144, 147
통일대교 / 46, 101, 102, 103, 104, 106, 109, 179, 197
통일동산 / 41, 47, 48, 61, 66, 67, 68, 69, 73, 76
통일로 / 21, 31, 36, 40, 46, 57, 74, 97, 108, 113, 116, 133, 144, 157, 237
통일 민족주의 / 215, 216, 218, 219, 220, 221
통일전망대 / 47, 48, 50, 51, 57, 60, 62, 65, 67, 68, 69
통일촌 / 46, 104, 109, 110, 111, 112, 114, 115, 176, 177, 191, 194
트루만 대통령 / 82

ㅍ

파주시 미군 공여지 현황 / 205
판문점 / 43, 46, 90, 105, 112, 136, 150, 152, 153, 155, 156, 157, 162, 169, 170, 171, 172, 179, 191, 206
평화누리 / 80, 81
평화로 / 19, 40
평화시 / 41, 53, 61, 67
포로교환 / 89, 90, 92, 93, 94, 96, 97
폭발물 설치 사건 / 214
폴 번얀 작전 / 167, 168

ㅎ

한강하구 / 48, 49, 50, 51, 52, 53, 54, 55, 56, 57
한강하구 평화의 배 띄우기 / 53
한국대인지뢰대책회의 / 186,

187
한미동맹 / 95, 212
한미연합토지관리계획협정(LPP)
/ 207, 209
한미행정협정(SOFA) / 159, 212
한민족공동체통일방안 / 23, 41,
42, 43, 46, 61, 67, 69
해마루촌 / 111, 182, 191, 194,
197
핵태세검토보고서(NPR) / 128
행주산성 / 31, 33
허준 묘 / 192
화학무기 / 157, 158, 159